经商三绝

东篱子 编著

中国华侨出版社

·北京·

图书在版编目 (CIP) 数据

经商三绝 / 东篱子编著 .—北京：中国华侨出版社，
2004.4（2024.11 重印）

ISBN 978-7-80120-796-8

Ⅰ . 经… Ⅱ . 东… Ⅲ . 商业经营—谋略
Ⅳ .F715

中国版本图书馆 CIP 数据核字（2004）第 018384 号

经商三绝

编　　著：东篱子
责任编辑：刘晓燕
封面设计：胡椒书衣
经　　销：新华书店
开　　本：710 mm × 1000 mm　1/16 开　　印张：12　　字数：130 千字
印　　刷：三河市富华印刷包装有限公司
版　　次：2004 年 5 月第 1 版
印　　次：2024 年 11 月第 2 次印刷
书　　号：ISBN 978-7-80120-796-8
定　　价：49.80 元

中国华侨出版社　北京市朝阳区西坝河东里 77 号楼底商 5 号　邮编：100028
发 行 部：（010）64443051　　　传　　真：（010）64439708

如果发现印装质量问题，影响阅读，请与印刷厂联系调换。

前 言
Preface

在中国历史上，商人要么被理想化，要么被妖魔化。据说辅佐周武王打天下的姜太公就曾经商，只是在贩猪贩米一再失败直到无从赔起之后，才装模作样地到水边钓鱼，终于以直钩钓来了武王，也钓来身后数百年封齐的家国和富贵。还有一位经商的传奇人物陶朱公，在经商这一领域，范蠡可比军事领域中的诸葛亮，在人们心目中已经被神化了。他似乎有点石成金之能，甚至家财散尽之后不费吹灰之力又能富可敌国。以后的吕不韦、胡雪岩又都是商界翘楚，以自己独特的经商理念和成就冠绝当时。至于经商被妖魔化的那一方面只能看作中国几千年的封建制度本身不容于商，因此被强制性地等而下之的结果。

我们有幸生于今天，经商成为追求财富和人生成功的一种手段。商业才能也不再是可有可无甚至被讥讽的对象，而已成为攀登事业顶峰的必备阶梯。让我们仰起脸来，瞻仰一下站在成功顶峰的人们的尊荣吧——比尔·盖茨、李嘉诚、刘永好、史玉柱……这一个个响亮的名字已经成为我们时代的英雄，成为年轻人纷纷模仿和追随的偶像，成为整个社会不断前进的激情源泉。

于是，通晓高屋建瓴的经商绝学便成为年轻人孜孜以求的目标。

实际上，不同的成功商人对经商的体验并不完全相同，他们讲出的经商道理也可能差别很大。但是，攀登经商成功之峰有三个关键的隘口是一定要过没有他途可走的，这就是借力、冒险、放长线，是谓经商之绝。此三绝中包含的道理是那些成功商人未必相同的体验中难得的几个共同点，更是峰顶傲视天下的经商英雄们创造自己商业奇迹的不断默诵的不传心经。

此三绝我们概以狐道、鹰道和人道。

狐道，喻指相对而言处于劣势时，就要学习狐狸，找到一只威镇四夷的老虎做伴，假之以威则自威，本绝的一个"借"字，道尽了成功者的奥秘：没有人无所不能和包打天下，力量最大的人一定最后倒下，善于借力卸力、借力打力才是最有力量的。狐道固巧，只是经商的入门功夫，山路登顶，步入愈行愈陡之处才是渐入佳境之时。

鹰道，万米长空，一击而中，靠的就是势在必得的冲劲儿。生意场上，机会就像鹰的猎物，一旦出现，言不得犹豫和迟缓，0.01 秒的先动就会赢得先机，对鹰来说就是 1 天的饱食无忧，对商人来说即为白花花的银子。鹰道更多为商人牟利的天性，后天锤炼，假以时日亦能成器。

人道，此人道非彼人道，盖猎人之道也。由狐到鹰只是一小步，一旦进化到人则已臻经商化境。猎人的行为最典型的就是对猎物不会见一个灭一个，他能蓄林养猎，纵兽待猎，也就是能放眼长远、预留后路。那些有大成的经商者多行此道。

我们讲学商不必杂，经商的理论汗牛充栋，但隔靴搔痒人云亦云者多；经商的案例比比皆是，但只见其表未入其里者众。

《经商三绝》力图集二者之长，总结出这三条屡屡被验证但尚未被发掘的经商绝学。用心领会之，用心实践之，你会发现，经商并不深奥，成功可以复制。

让我们勇敢地以"三绝"武装自己，去成功之顶接受财富光环的照耀吧。

目　录
Contents

上篇

巧　绝
善于借力的经商狐道

在商圈里摸爬滚打，凡事总想凭一己之力往往事倍功半。熟悉
"狐假虎威"这个故事的人应能从中领悟狐狸的营身之道，即一
个"借"字。正是由于其巧于借力，才使这只仅有缚鸡之力的狐
狸取得了异乎寻常的成功。实际上，在玄机多多的商场上，到处
都有老虎，也时时需要老虎，要想获得山羊、猴子之流难以企及
的成功，秘诀只有一条，做一只卑微而聪明的狐狸吧。

所谓明借也就是开门见山、开诚布公。"借"听起来总有一丝"求"
的味道，但有时候就是需要理直气壮地去求，一而再、再而三地
去求。这个时候千万不能不好意思、遮遮掩掩。明借虽是借在明

处，也要看准目标、讲求方法，尽量以最小的本钱，借到自己最需要的东西。

第二章　暗借法：神不知鬼不觉的借力手段 //026

嘴里不说借，桌子底下暗伸手，这是暗借。暗借或出于迫不得已，或出于追求更好的效果，总之是必须借而又不便言明。孔明草船借箭是暗借，胡雪岩借助人而利己是暗借，李嘉诚借一顿饭助爱子一臂之力也是暗借。暗借之妙在于一个"暗"字，讲求巧劲儿，需要智慧，所谓曲径通幽是也。

第三章　强借法：不借也得借 //040

经商之道，就借法而言也要善于应变。明的不行，暗的不灵，怎么办？有利而不取，非商人本性，这时候就得来点硬的、绝的。强借，有对方不愿意借而强迫之意。或严词厉色，或巧用手腕，迫其不得不借。强借的要诀是要抓住对方的七寸，反正大目的达到了，小节处终归容易处置。

中篇

险　绝
敢于冒险的经商鹰道

必须申明一点，冒险不是不讲条件地蛮干，那叫冒进。一个洞穴里有一块闪光的金子，你打算爬进去取出金子，如果这是个狼穴你是冒险，但如果这是个虎穴，那你就是冒进了。我们行走在田野山间，偶见雄鹰从头上展翅飞过。它是在寻找猎物，一旦发现并觉得有机可乘，会毫不犹豫地扑上去。商机也是如此，尽管没有十足的把握，该冒的险还是要冒的。秘诀是学会做一只从高处逡巡搜索的鹰，抓住一切机会并迅速行动。

第四章　做一只视觉敏锐的鹰 //064

鹰的猎食之道首先在于它视觉的敏锐，它时刻保持高度的警觉，从一些蛛丝马迹中分辨出哪个方向可能有猎物。经商之道更应讲求拥有从各种复杂多变的信息中感知机会的能力。否则，机会这个大金罐"当啷"一声掉在你面前，你可能会当做一块挡路的石子一脚踢开。

第五章　充分估量冒险的代价 //079

无利不起三分早，但起得早未必就能得到更多的利。凡是大利，

都要冒更大的风险，正如鹰要捕获一只野狗一定比捕获一只野兔
危险得多。看那些经商的顶尖高手，哪个不是从大风大浪中一路
闯过来的？问题的关键是，要正确地判断哪些风险值得冒——冒
一次进一步；哪些风险是绝对不能冒的——金块之旁，老虎安卧，
一次冒险可能就是灭顶之灾。

第六章　抓住机会迅速行动

当一只鹰面对地面上一个梦寐以求的猎物时，它会怎么办？它会
以迅雷不及掩耳之势扑上去，给予致命的一击。一秒钟的迟疑可
能导致机会的丧失，随之而来的也许就是一整天的饥肠辘辘。实
际上许多人经商失败或总无大成的一个原因就是并非看不到机
会，也不是不想抓住机会，而是总缓于决策，疏于行动，缺乏一
点志在必得的"鹰性"。

下篇

谋 绝
放眼长远的经商人道

狐道、鹰道固然都是遨游商海的附身绝技，但毕竟只是一种本能。要想事有大成，就要超越这类本能，具备透过一叶得见森林的战略眼光和既能谋及眼前又能着眼于长远的超绝智慧。

秘诀是做一个猎人，狐狸再狡猾，雄鹰再敏锐，终究逃不过猎人的眼睛而成为其枪下的猎物。

第七章 练就孙行者的火眼金睛 //120

谋绝的第一层功夫概以一个"深"字，即眼光毒辣，能透过现象深入到事情的本质，也就是说能把事情看透。商海诡诈，陷阱的深度与铜钱的高度差不多，如果不能练就一双火眼金睛，恐怕早晚得摔进陷阱，成为别人的垫脚石。

第八章　你吃甜枣我吃梨

谋绝的第二层功夫概以一个"让"字，即让你的合作者甚至对手也要赚到钱。让，是一种气度，更是一种智慧。老祖宗教导我们和气生财，如果总琢磨着通赚包吃，其结果很可能赔个底朝天。谨记：当你享受一个梨子时，至少要让别人吃到一枚甜枣。

第九章　为将来买单

谋绝的第三层功夫概以一个"远"字，所谓人无远虑，必有近忧，商人往往见利忘义，而为商之道又最忌见利忘义，只见眼前，不及长远。我们说要学猎人，因为猎人的聪明之处在于他讲究"不涸泽而渔，不焚林而猎"，也就是为自己预留后路。当你数着眼前白花花的银子喜笑颜开时，别忘了分其一二为你的未来买单。

上篇

巧 绝

善于借力的经商狐道

在商圈里摸爬滚打，凡事总想凭一己之力往往事倍功半。熟悉"狐假虎威"这个故事的人应能从中领悟狐狸的营身之道，即一个"借"字。正是由于其巧于借力，才使这只仅有缚鸡之力的狐狸取得了异乎寻常的成功。实际上，在玄机多多的商场上，到处都有老虎，也时时需要老虎，要想获得山羊、猴子之流难以企及的成功，秘诀只有一条，做一只卑微而聪明的狐狸吧。

第一章

明借法：借得顺风好行舟

所谓明借也就是开门见山、开诚布公。"借"听起来总有一丝"求"的味道，但有时候就是需要理直气壮地去求，一而再、再而三地去求。这个时候千万不能不好意思、遮遮掩掩。明借虽是借在明处，也要看准目标、讲求方法，尽量以最小的本钱，借到自己最需要的东西。

小钱办大事是借钱的至高境界

八个坛子七个盖，盖来盖去不穿帮，就是会做生意。

经商做生意，借来借去最终脱不掉一个钱字。但是一开口就跟人家借多少钱，十有八九要碰一鼻子灰。自己的钱自己心疼，再亲的亲戚，再好的朋友都要掂量掂量我这钱出去能不能回得来。所以高明的借钱者如胡雪岩，总要先让人家明白会得多少好处，让他自愿地把钱拿出来给你使。要么就来个乾坤大挪移，在一番借来借去之间让自己的十两纹银做成上万的大生意。

中国传统商人有以"一文钱创天下"的志向和能力，但也知道，完全靠自己一文钱一文钱地积累，这个发家过程无疑会十分漫长。因此，跳过最初资金积累阶段，直接由借贷——负债经营入手，便成为传统商人的经营捷径。

所以，要想成为一名成功的经营者，应该学会走好第一步——筹措资金，只有踏踏实实地走好了这一步，才能为将来的事业打下良好的基础，这也正应验了另一句名言"良好的开端是成功的一半"。

胡雪岩是一个"钱眼里翻跟斗"的高手。他在自己事业的草创阶段，其实是身无分文，就是因为他知道如何在"钱眼里翻跟斗"，他的一项项事业，也就一项接着一项地"翻"出来了。

胡雪岩要开办药店，在和刘不才商量药店事宜的时候，他一开口就是"初步我想凑十万银子的本钱"。这个"牛皮"可是吹得有点大，因为当时他根本就不知道这十万银子在什么地方。

不过，这也没有难倒胡雪岩，他脑子一转，便转到了为药店筹集资本的两个主意：

第一步，他可以向杭州城里那些为官不廉、中饱私囊已经被"喂"得脑满肥肠的官儿们来筹集资金。他准备回到杭州，首先攻下杭州抚台黄宗汉。在这兵荒马乱之际，开药店本来就是极稳妥的生意，又有济世活人的好名声，说不定黄宗汉肯从他极饱的宦囊中拿出一笔钱来投作股本。如果攻下黄宗汉，另外再找有钱的官儿们来凑数，也就容易多了。

第一步如果成功，第二步也就好办了。胡雪岩接下来要让官府出钱来为自己开药店。

刘不才有专治军队行军打仗容易发生时疫的"诸葛行军散"家传秘方，配料与众不同，其效如神。胡雪岩准备与专管军队后勤保障的"粮台"打交道。先采取只收成本的方式给军营送"诸葛行军散"，或者有捐饷的，也可以让他们以"诸葛行军散"代捐，指明数量多少，折合银子多少。只要军营的兵将们相信这药好，就可以和粮台打交道，争取承接为粮台供药的业务。粮台虽不上前线打仗，但事实上却什么事都管，最麻烦的就是一仗下来料理伤亡，所以粮台上用药极多。药店可以把药卖给他们，药效要实在，价钱比市面便宜，还可以欠账，让粮台本人公事上好交代。而既然可以欠账，也就可以预支。除"诸葛行军散"之外，药店可以弄到几张能够一服见效与众不同的好方子，譬如刀伤药、辟瘟丹之类，真材实料修合起来，然后禀告各路粮台，让他们来定购，领下定购药品的款子，正好可以用来发展药店生意，这一步一走通，药店不就可以滚雪球般地发展起来了吗？还用愁什么药店的本钱？

商务经营，开办实业，都需要本钱。没有资金，必将寸步难行，天大的本事，再好的机会，都将是一句空话。立志在商场争雄的人，不能不会为自己筹措资金。当然，为自己筹措资金的方式可以是多种多样的，最稳妥的方式，大约也就是有多少资金，做多大的计划，凭着自己的尽力经营，从少到多地慢慢积累。不过，即便愿意自己慢慢积累资金而不同意胡雪岩所采用的方式的人，大概也不能不佩服胡雪岩招数的高明。因为如胡雪岩这样能够借助于他人资金开创自己的事业的筹措资金的方式，确实是棋高一筹。

后来支撑胡氏商业王国几乎半壁江山的典当行生意，也是在两手空空的情况下，巧借苏州潘叔雅那班富家公子的钱开办起来的。

胡雪岩看中苏州那班富家公子，也是抓住了一次借助别人的资金、开办自己的事业的机会。胡雪岩销洋庄，为求当时派任苏州学台的何桂清的帮助，去了一趟苏州。在苏州为解决阿巧姐的事情，又结识了苏州富家公子潘叔雅、吴季重、陆芝香等人。当时正是太平军大举进攻苏、浙之时，苏州地面极不平静，一方面官军打仗，保民不足却骚扰有余，另一方面太平军也步步逼近，因此这帮富家公子都有心避难到上海。这些富家公子在苏州的房屋、田产自然是不能带到上海去的，但他们却有大量的现银。他们知道胡雪岩是钱庄老板，因而想借胡雪岩的钱庄，把这些现银带到上海用出去。

这笔现银一共有二十多万。

胡雪岩当场就为这些阔少将这二十多万现银如何使用做了筹划，他建议将这些银钱存入钱庄，一半做长期存款，以求生息，一半做活期存款，用来经商，存款的钱庄以及生意的筹划，都由胡雪岩一力承当，总的原则是动息不动本，以达到细水长流的目的。胡雪岩等于给自己又吸纳了一笔可以长期运用的资金。

胡雪岩所以要为这帮富家公子如此筹划，是因为他"发觉自己又遇到一个绝好的机会"。本来依胡雪岩的观察，这帮全不知稼穑艰难的阔少，往往既不切实际又不辨好歹，和他们打交道常常会吃力不讨好，实在是犯不着。不过，转念一想，如果这些阔少不是急功近利，能够听自己的建议放远了看，对自己的生意实在也是一大帮助，有了这二十多万可以长期动用的资金，自己什么事情不可以干！

于是就有了胡雪岩为这帮富家公子所作的精心筹划，也有了胡雪岩要利用这帮富家公子交给自己"用"出去的二十多万开办典当的计划。

按当时的情况，有五万资本家，就可以开出一家不大不小的当铺，有这二十多万，能开几家当铺？

于是，胡雪岩的典当行，也就这样开办起来了。

胡雪岩曾说过这么一句话："八个坛子七个盖，盖来盖去不穿帮，就是会做生意。"

做生意确实要学会如何"八个坛子七个盖，盖来盖去不穿帮"，会这样"盖来盖去"，也就学会了在"铜钱眼里翻跟斗"，也就可以用十万银子，做出百万的生意。

胡雪岩在湖州收到的生丝运到上海时，正值小刀会要在上海起事。这对于胡雪岩来说又是一个绝好的机会，因为小刀会一起事，上海与外部交通断绝，丝的来路也随着中断，洋庄价钱必然看好，可以趁此赚上一票。这更坚定了胡雪岩要销洋庄的打算。

要做销洋庄的生意，第一步是要控制洋庄市场，垄断价格。要做好这一步，有两个办法，第一个办法是说服上海丝行同业联合起来，让预备销洋庄的丝客公议价格，彼此合作，共同对付洋人，迫使洋人就范。第二则是拿出一笔资金，在上海就地收丝，囤积起来，使洋人要买丝就必须找我，以达到垄断市场的目的。不过，就胡雪岩当时在上海生丝市场的地位来说，由于他的生意只是刚刚起步，在同行中的威信还有待建立，因此第一个办法还不一定能够实施到理想的效果，而从生意运作的角度看，即使第一个办法能够凭着胡雪岩的影响力得以实现，他也应该采取通过在上海就地买丝的办法，尽可能多地为自己囤积一部分生丝，这既是控制市场、垄断价格的基础，也是能使自己在实现了控制市场的设想、迫使洋人就范之后能够获得更大利润的条件。

不过，在上海就地买丝需要大笔本钱。胡雪岩此时只有价值十万两的生丝存在上海裕记丝栈，而他的生意伙伴尤五为漕帮粮食生意向"三大"借贷的十万银子在续转过一次之后又已到期，按常规已经不能再行续转，为还上这笔贷款，尤五最多只能筹集到七万银子。如此算来，胡雪岩要在上海就地买丝又可以说是没有一分钱的本钱。

胡雪岩用手头裕记丝栈开出的那批十万两生丝的栈单"变"了一次戏法。首先，他将这一张栈单拿给"三大"看，说是"三大"的贷款已经可以归还，不过先要等这批生丝脱手之后才能料理清楚。让他们将那笔十万的贷款再转一期。有栈单为证，货又明明摆在货栈里，他们必然相信而且放心，这样也就生出了十万头寸可供调用。然后，他又用裕记丝行的生丝作抵押，向洋行借款，把栈单变成现银。洋行有栈单留存，不会不给贷款，而栈单也不会流入钱庄，"三大"方面也就不会知道栈单已经抵押出去了，戏法也就不会被揭穿。这样，十万银子不就做成了百万的生意？

以己之长借人之长

> 盲人之所以会背跛者，是因为自己有两条会走路的腿，而对方有一双会看路的眼睛。

柳传志和他的"联想"在发展过程当中依靠盲人背跛者的借力战术，曾经跨过了两道至关重要的坎儿，也是在跨过了这两道坎儿之后，"联想"才有了突飞猛进的发展。

第一次是利用自己熟悉国内市场的优势做外国品牌的代理，从而通过借用别人的品牌优势拓展自己的销售渠道，增强了企业实力。

1987 年，中国电脑市场只有为数不多的四五种美国品牌电脑以及技术性能相对落后的国产电脑。已经解决西文汉化问题而获得巨大发展的联想集团此时面临着三种选择。一是继续进行单一的联想汉卡的推广销售。这显然是一种不思进取的选择，因为汉卡市场毕竟有限。

二是以汉卡为龙头，研制开发自己的电脑，以汉卡带动电脑销售。这在当时看虽然是有利可图的选择，但面临着几个问题：企业实力不够，开发电脑整机需要的资金投入公司当时难以承担；对世界电脑技术的发展不熟悉，即便生产出自己的电脑，从长远来看可能会因为先天不足而没有大的发展前途；由于"联想"是一家计划外企业，当时的国家政策也难以支持它生产电脑。三是结合中国国情，选择一种质量性能价格比较合适的外国电脑，以汉卡带动电脑销售并使之成为大陆的主导型电脑。这样做的好处在于：第一，投资少，利于积累资金；第二，便于了解世界电脑的先进技术，积累市场经验；第三，便于建立自己的全国销售网络。最终柳传志选择了第三种方式，并与美国 AST 公司形成战略伙伴关系。

按柳传志的计划，第一步，通过代理将世界真正优秀的产品引进来；第二步，在适当时候把生产线引进来，实现生产环节本地化；第三步，进一步实现技术转移，大大缩短与代理产品的技术差距，实现相关技术的本地化。最后的事实是代理业务不但发展了联想自己，也为中国的整个计算机产业做出了贡献。在联想和我国其他计算机企业一道奋起直追下，我国计算机应用水平真正实现了与世界同步；并同时促进了我国代理行业的发展。联想是最早将代理制引入中国的企业之一，也是最早通过签订代理协议规范代理商行为的企业。

对"联想"来说，代理业务在其发展史上功不可没。可以说，没有代理业务，就没有今天的联想电脑和联想激光打印机，就没有出色的"联想"管理经验和成功的渠道管理。

自己的最重要的是，代理让柳传志和"联想"学到了先进的管理经验并培养了人才。

另一次是"联想"在香港的发展。

1988 年，整个中国都处在高速发展的氛围中，国内经济环境既繁荣又混乱，许多客观情况都限制着民营科技企业向产业化发展。

柳传志已经学会了做贸易，打通了渠道。但他并没有满足，他在细致的国内外市场调查之后，毅然制定了进军海外，以国际化带动产业化的发展战略。他要自己进行生产。"因为我们是计算所的人，总觉得自己有这个能力做。但当时是计划经济，联想很小，国家不可能给我们生产批文，我们怎么说都没有用，因为潜在的能力没有人相信。我们决定到海外试试，海外没有计划管着你。就这样，我们把外向型和产业化并作一步跨了。"

1988 年，柳传志一行几人来到香港，手里只攥了 30 万港币。因此到香港后也只能和在国内一样，先从做贸易开始。通过贸易积累资金，了解海外市场。

当时，"联想"进军海外市场的条件并不完全成熟，他们虽然有技术和国内大本营作后盾，但是他们对国际计算机市场却一无所知，就好比一个身强力壮的"瞎子"。与联想合资的香港导远电脑公司的几位年轻港商毕业于英国伦敦帝国大学理工学院，资金与科技实力不够，但对国际市场的竞争规律一清二楚，就好比一个心明眼亮的"瘸子"。

让这两个不完美的"残疾人"完美地结合起来，让"瞎子"为"瘸子"做腿，让他们站立然后跑；让"瘸子"为"瞎子"做眼，看清世界，找到方向。"扬长避短，趋利避害"，以不完美的个体做完美的"组合"，这就是柳传志和"联想"的"盲人背跛者"策略。

柳传志在回忆当时的情形时说："1988年我们带了30万港币到香港，同当地两家公司合作，总投资90万港币，办了一家香港联想电脑公司。那时在香港开公司成立大会，也就是4月1日，我在记者会上讲，我们计划一年要完成营业额1亿港币。记者就问我们有多少本钱。我们说有90万的股本，当时没说利润，结果所有记者脸上的表情都很明显，似笑非笑，绝对不以为然，觉得又是大陆来的人说大话。时隔一年以后，我们完成了1.2亿元港币。事实证明，我们不是说大话。"

对于钱具体怎么赚的，柳传志说这不是秘密，很简单。当时他们的三家公司分别是中科院计算所、中国技术转让公司、香港导远公司。一家在国内有技术，另一家公司有可以做资金担保的雄厚背景，香港公司掌握了海外销售渠道。当时他们主要销售一家美国公司 AST 刚刚引进中国的机器。当时计算机与今天不同，今天的计算机因为竞争激烈已经成了新鲜水果，像荔枝一样不能搁，一搁就贬值，那时却都是干果，搁些时间也没问题。如果他们每月可以卖200台，他们订货订400台。因为北京联想还可以销 200 台。万一香港的 200 台谁都没卖出去，顶多下个月北京公司再接着卖。这样，多进货价格就大大不同。价格能差 40％。后来他们做到每个月销售 2 千多台。那一年他们卖了 2 万多台，进价又比别家低得多，便有了很大利润！所以第一年他们愣是做了 1.2 亿元港币的营业额，净赚了 1000 多万。

当时，大陆有不少公司也与香港有着合作，但多不愉快。联想的成功无疑证明了策略的正确。这一开头的喜人成绩不但给联想的海外发展增添了信心，也在内、港的合作方面做出了很好的表率。

借得名声有时比借得金钱更管用

名气一响，生意就会热闹，财宝就会滚滚而至。

良好的企业形象和个人名气会给企业、个人带来更丰厚回报，这一点是毋庸置疑的。君不见那些明星们哭着喊着要在镜头之下露一露脸，君不见各行各业的企业成把成把地往广告上扔钱，所求为何？名气。对他们而言，有了名气就有了一切。实际上这里是一个问题的两个方面：一是没有名气时要拼命制造名气，以便借名生财；二是有了名气还要善于利用并妥加保护，使名气能够尽量多地生财，能够尽量长时间地生财。

这个道理不仅现在的人们在用，很久以前就有人在用，而且用得一点不比现代人差。

胡雪岩认为，步入商界，"第一步先要做名气。名气一响，生意就会热闹，财宝就会滚滚而至。"也正因为如此，胡雪岩才不放过任何一次能够扬名的机会。

一次，为了弥补军费粮饷的不足，朝廷决定由户部发行官票。官票大体与现今国债类似，只是它是一种可以上市流通的银票，可以兑换现银，也可以代替制钱"行用"——用它抵交应按成缴纳的地丁钱粮和一切税课捐项，称为"户部官票"。户部官票的发行自然少不了钱庄，发行方式也就是由各钱庄派购。认购户部官票无疑要担风险，虽然官票上明文写有"愿将官票兑换现银者，与银一律"的字样，但如果官票发行太多太滥而现银不足，以票兑银就将是一句空话。所以，刘庆生在与胡雪岩商量认购官票事宜的时候，也认为将来官票一定不值钱。阜康刚刚开张，实力还谈不上，就遇上这档子事，刘庆生对认不认购官票也心存犹豫。

但胡雪岩不这样看。

在胡雪岩看来，世上随便什么事情，都有两面，这一面占了便宜，那一面就可能吃亏，而做生意更是如此，买卖双方，天生就是敌对的。一桩生意能不能做，关键是生意人自己的眼光，生意做得越大，眼光越要放得远。乱世之中，生意确实越来越难做了，不过越是难做，越是机会。就拿眼下认购官票来说，如果朝廷章程打得不完善，滥发起来，它的价值当然会大打折扣。但即使是这样，也要认购，而且还要主动认购，要认购得有气魄。这里有两个原因：

第一，这是在帮朝廷的忙。只要是帮朝廷打胜仗的生意，哪怕亏本，也都要做。短期看，这是亏本，长远看却不是亏本，而是放了资本下去。放下去资本自然是要收回的。只要官军打了胜仗，时世一太平，百业待兴，什么生意都可以做。那个时候，也就可以收回先前投下去的资本了。自己为朝廷帮过忙，出过力，朝廷自然会给以回报，处处提供做生意的方便，哪里还有不能发达的道理？

第二，认购户部官票，也是显示阜康气魄，为阜康挣得名气的机会。目前杭州城里各大小钱庄同行都心存犹豫，小同行看大同行，大同行互相看，都怕派购官票太多，包袱太重，如果这时阜康站出来大胆认购，一方面能够在同行中显示阜康临事不惧的气派，显示阜康的实力，另一方面也能显示同行的义气。阜康在同行中的名气和地位，一下子就起来了。

正因为阜康刚刚开张，胡雪岩更要利用一切可以利用的机会，把它的名气做出来。商场上有一句很流行的话，就是"先做名气后赚钱"。驰骋商场，名气总是至关重要的，它其实就是一种无形的价值，一笔无形的本钱。一个商号有了名气，客户会不远千里，慕名而来，而只要有了名气，就能真正树立起了自己的形象。自我形象真正树立起来了，生意自然也就好做了，黄金也自然来了。

胡雪岩对以名生财这一手法使用得得心应手，是因为对这一手法的使用不仅颇有心得，而且由来已久。胡雪岩在没有发家之前，家中颇为困难，但是家中可典当之物已没有多少，于是他就想把自己家中一只猫卖掉。但是一只猫肯定卖不了多少钱。他老婆也说他尽出荒唐点子。突然胡雪岩灵机一动，同夫人耳语一阵，老婆听后顿时拍手称妙。

第二天，胡雪岩外出，他在门口大声地告诫他老婆："好好照看我的猫儿，这种猫全城找不出第二只。千万不能让外人知道。要是被人偷走了，那就要我的命了。这猫就如同我的儿子。"

胡雪岩天天都要这么说上一通，邻居们耳朵里听多了，心里止不住地好奇，很想看看这猫究竟长得啥模样。可是，胡雪岩老婆管得紧，谁也见不到那只猫。

有一天，那只猫猛然挣断绳子跑到了门口，胡雪岩老婆赶紧把猫抱了进去。正巧在场而又眼尖的人，看到那只猫是干红色的，且全身上下连尾巴和脚上的毛须都是一片干红色。见到的人没有一个不惊奇不眼红的。当时，消息就纷纷扬扬传开了。

胡雪岩回家后，一听有人见到了他的猫，就痛骂他老婆，把她打得呼天喊地。

不久，这消息传到了当地的一个富绅的耳朵里，于是这个富绅就派人用高价来买这只猫，胡雪岩坚决不肯卖。越是如此，富绅越不肯罢休，一定要买，价格越出越高，胡雪岩还是不肯卖。后来好说歹说，允许富绅看一次猫。看了之后，富绅更觉稀罕，无论如何要得到这只猫。最后，终于以三十万文钱把猫买走。

富绅把猫带走的那天，胡雪岩哭得一把眼泪一把鼻涕的，还狠揍了他老婆一顿，整整一天长吁短叹，惆怅不已。

富绅得到猫后高兴极了，想将它调教好了献给皇上。可是，不久便发现猫的颜色渐渐淡了下去，才半个月就成了一只普通的白猫了。富绅马上带着猫去找胡雪岩，哪知胡雪岩早就搬走了，不知去向。

原来，胡雪岩是用染马缨的办法把猫的颜色给染了，染的次数多了就成了干红色，而他以前所有告诫老婆的话和打骂老婆的行为，不过是借以引起人们注意的手段而已。

胡雪岩的卖猫交易当然属于诈骗，但这只猫虽是名副其实的"伪劣商品"，尚能维持半个月的效果，毕竟要比现在有些拿到家就坏的商品却要好多了，于道德上来说，绝不输于那些不法商人。

然而，不管胡氏卖猫交易的性质如何，都不会影响我们对交易所取的形式的关注。因为无论非法的诈骗还是合法的买卖，在招徕顾客这一点上是完全一样的。假若胡雪岩的这只猫真是干红色的，而胡雪岩又真想高价出售，那最后三十万文钱的成交价不也是对他"策划成功"的一个证明吗？

胡雪岩计谋的关键就在于：既要让潜在的顾客知道，又要让他不知道，或者说，为了让他知道，就要故意让他不知道。邻居可以听见这只猫叫，但却看不见这只猫。先是"千呼万唤"不肯出来，再加上一次"犹抱琵琶半掩脸"，可以说把早期准备都已充分完成了。到富绅获悉胡雪岩的干红色猫时，扬名广告的任务已经完成。

实际上，中国传统商人很早便已发现，一样东西会因使用者的声望而获得特殊价值。

春秋五霸之一的齐桓公喜欢穿紫衣服，于是，从大夫而至于小吏甚至于有那么几个钱的小百姓，人人都跟着穿紫色衣服，弄得紫色衣料价格昂贵，齐桓公几次想使其恢复正常都没成功。

后来，还是曾经做过小买卖的相国管仲给他点破了关键：只要齐桓公本人不穿，大家不学，价格自然就会下去。于是，齐桓公上朝不穿紫衣，还嫌别人穿的紫衣臭。当天宫中朝中就没人穿紫衣了，第二天，都城中没人穿了，第三天，全国人都不穿紫衣了。到这时，紫色衣料的价格恐怕跌得又要上齐桓公头痛了。中国人的"一股风"脾气看来真有三千年的历史了。

一次，胡雪岩在南京积压了几千轴丝绢，而当时，丝绢行情不好，即使出手，也卖不了几个钱。

胡雪岩灵机一动，和金陵城的几位当官的朋友和有名望的富绅说好，每人做一件丝绢单衣穿在身上。其他官员和读书人一见，争相仿效，丝绢单衣很快成为时髦，丝绢价格随之上扬，一时间大有洛阳纸贵的势头。

胡雪岩一看时机已到，便让人把仓库的丝绢全拿去卖了，每轴竟卖到了一两黄金的高价。

东晋名士谢安也善于玩这样的游戏。一次，有位同乡被罢了官，回乡前来向谢安辞别。

同乡路费尚未有着落，唯有五万把蒲扇。这蒲扇既不行俏，价格也不贵，要是就这么一把把地卖，恐怕行程羁留，路费还筹不足。

谢安想了想，便向他要了一把，摇着蒲扇到处串门，蒲扇成了名士风度的一部分，人们纷纷学样，蒲扇也跟着畅销。五万把扇子很快都卖光了，还多卖了不少钱，同乡顺利地回归故里。

借势之道一在准，二在巧

到哪座山头烧什么香。借到了"势"，也就借到了在这个山头来去自如的通行证。

要把生意做大，"势"是不能不借的。新到一地，你要借用人家的"地势"，涉足一个新的行业，要借用行业老大的优势，即便你想租用一个门脸，不借用当地居委会的"势力"肯定也会麻烦不断。这里我们仍然不能不提到胡雪岩，因为他实在是个善于借势的高手，除我们所熟知的官势之外，可以说胡雪岩做到了借一切可借之势为自己的生意张目。

在商言商，胡雪岩除官势外借得最多的是商势，即商场上的势力。

胡雪岩借商场势力的典型一例是在上海，他垄断上海滩的生意，与洋人抗衡，从而以垄断的绝对优势取得在商业上的主动地位。

起初，胡雪岩尚未投入做茧丝生意，就有了与洋人抗衡的准备。

按他的话说就是，做生意就怕心不齐。跟洋鬼子做生意，也要像收茧一样，就是这个价钱，愿意就愿意，不愿意就拉倒，这么一来，洋鬼子非服帖不可。

而且办法也有了，就是想办法把洋庄都抓在手里，联络同行，让他们跟着自己走。

至于想脱货求现的，有两个办法。第一，你要卖给洋鬼子，不如卖给我。第二，你如果不肯卖给我，也不要卖给洋鬼子。要用多少款子，拿货色来抵押，包他将来能赚得比现在多。

凡事就是开头难，有人领头，大家就跟着来了。

具体的做法因时而转变。

第一批丝运往上海时，适逢小刀会起事，胡雪岩通过官场渠道了解到，两江督抚上书朝廷，因洋人帮助小刀会，建议对洋人实行贸易封锁，教训洋人。

只要官府出面封锁，上海的丝就可能抢手，所以这时候只需按兵不动，待时机成熟再行脱手，自然可以卖上好价钱。

要想做到这一点，就必须能控制上海丝生意的绝对多数。

和庞二的联手促成了在丝生意上获得优势。

庞二是南浔丝行世家，控制着上海丝生意的一半。胡雪岩派玩技甚精的刘不才专和庞二联络感情。

起初，庞二有些犹豫。因为他觉得胡雪岩中途暴发，根底未必雄厚。随后，胡雪岩在几件事的处理上都显示出了能急朋友所急的义气，而且在利益问题上态度很坚决，显然不是为了几个小钱而奔波，在丝生意上联手，主要是为了团结自己人，一致对外。有生意大家做，有利益大家分，不能自己互相拆台，好处给了洋人。

庞二也是很有担待的人，认准了你是朋友，就完全信任你。所以他委托胡雪岩全权处理他自己囤在上海的丝。

胡雪岩赢得了丝业里百分之七十强的生意，又得庞二的倾力相助，做成了商业上的绝对优势，加上官场消息灵通，第一场丝茧战胜利了。

接下来，胡雪岩手上掌握的资金已从几十万到了几百万，开始为左宗棠采办军粮、军火。

西方先进的丝织机已经开始进入中国，洋人也开始在上海等地开设丝织厂。

胡雪岩为了中小蚕农的利益，利用手中资金优势，大量收购茧丝囤积。

洋人搬动总税务司赫德前来游说，希望胡雪岩与他们合作，利益均分。

胡雪岩审时度势，认为禁止丝茧运到上海，这件事不会太长久的，搞下去两败俱伤，洋人自然受窘，上海的市面也要萧条。所以，自己这方面应该从中转圜，把彼此的不睦的原因拿掉，叫官场相信洋人，洋人相信官场，这样子才能把上海弄热闹起来。

但是得有条件，首先在价格上需要与中国这面的丝业同行商量，经允许方得出售，其次，洋人须答应暂不在华开设机器厂。

和中国丝业同行商量，其实就是胡雪岩和他自己商量。因为胡雪岩做势既成，在商场上就有了绝对发言权。有了发言权，就不难实现他因势取利的目的。

可以说，在第二阶段，胡雪岩所希望的商场势力已经完全形成。这种局面的形成，和他在官场的势力配合甚紧，因为加征蚕捐，禁止洋商自由收购等，都需要官面上配合。尤其是左宗棠外放两江总督，胡雪岩更觉如鱼得水。江湖势力方面，像郁四等人，本身的势力都集中在丝蚕生产区，银钱的调度，收购垄断的形成，诸事顺遂。因为他们不只行商，而且有庞大的帮会组织作后盾，虽无欺诈行为，但威慑力量隐然存在，不能不服。

胡雪岩借助的另一股"势"是"江湖势力"。

胡雪岩借取江湖势力是从结交尤五开始的。

王有龄初到海运局，便遇到了漕粮北运的任务。粮运涉及地方官的声望，所以督抚黄宗汉催逼甚紧，前一年为此还逼死了藩司曹寿。

按照胡雪岩的主意，这个任务说紧也很紧，说不紧也不紧。办法是有的，只需换一换脑筋，不要死盯着漕船催他们运粮，这样做出力不讨好，改换一下办法，采取"民折官办"，带钱直接去上海买粮交差，反正催的是粮，只要目的达到就可以了。

通过关系，找到了松江漕帮管事的曹运袁，漕帮势力大不如前了，但是地方运输安全诸方面，还非得漕帮帮忙不可。这是一股闲置的、有待利用的势力。运用得好，自己生意做得顺遂，处处受人抬举；忽视了这股势力，一不小心就会受阻。

而且各省漕帮互相通气，有了漕帮里的关系，对王有龄海运局完成各项差使也不无裨益。一旦有个风吹草动，王有龄也不至于受捉弄，损害名声。

所以和尤五打交道，不但处处留心照顾到松江漕帮的利益，而且尽己所能放交情给尤五。

加上胡雪岩一向做事一板一眼，说话分寸特别留意，给尤五的印象是，此人值得信任。

后来表明，尤五这股江湖势力给胡雪岩提供了很大方便。胡雪岩在王有龄在任时做了多批军火生意。在负责上海采运局时，又为左宗棠源源不断地输入新式枪支弹药。如果没有尤五提供的各种方便和保护，就根本无法做成。

胡雪岩很注意培植漕帮势力。和他们共同做生意，给他们提供固定的运送官粮物资的机会，组织船队等，只要有利益，就不会忘掉漕帮。胡雪岩有一个固定不变的宗旨就是："花花轿儿人抬人。"我尊崇你，你自然也抬举我。借人之力，借人之势当然也要能把一己之力之势借与别人。

即使大不如前，江湖势力也还一直以各种形式重新组合，发挥着自己的作用。

所以，在胡雪岩生活的时代，江湖势力仍是影响社会生活的一支重要力量。胡雪岩把这支力量组织起来，有效地为自己所借用。

胡雪岩总能善于应对，认得准方向，把握得准秩序。他对洋场势力的借取，也正是得益于他的这种宏观把握的能力。

在胡雪岩首次做丝茧生意时，就遇到了和洋人打交道的事情。并且遇见了洋买办古应春，二人一见如故，相约要用好洋场势力，做出一番市面来。

胡雪岩在洋场势力的确定，是他主管了左宗棠为西北平叛而特设的上海采运局。

上海采运局可管的事体甚多。牵涉和洋人打交道的，第一是筹借洋款，前后合计在一千六百万两以上，第二是购买轮船机器，用于由左宗棠一手建成的福州船政局，第三是购买各色最新的西式枪支弹药和炮械。

由于左宗棠平叛心坚，对胡雪岩看得很重，凡洋务方面无不要胡雪岩出面接洽。

这样一来，逐渐形成了胡雪岩的买办垄断地位。

洋人看到胡雪岩是大清疆臣左宗棠面前的红人，生意一做就是二十几年，所以也就格外巴结。这也促成了胡雪岩在洋场势力的形成。

综合胡雪岩经商生涯看，其突出特点就在他的"借势取势"理论。官场势力、商场势力、洋场势力和江湖势力他都要，他知道势和利是不分家的。有势就有利，因为势之所至，人们才马首是瞻，这就没有不获利的道理。

借他力而自用

一个人再有本事能捻几根钉？善于借用他人的力量，更要善于借用手下人的力量。

比尔·盖茨的强项在技术方面，对管理没有多少经验，也不爱好。他的合作伙伴保罗·艾伦也是如此。随着微软公司成员越来越多，急需一位精通管理的人才来统帅。为此，比尔·盖茨想到了他的校友、交际高手史蒂夫·鲍尔默。

还是在哈佛大学时，盖茨便与鲍尔默过从甚密。其时盖茨迷恋于打牌赌钱，赢了常到鲍尔默那里数钱。两人很谈得来，并对彼此的能力有很深的了解。

鲍尔默毕业后，又考入斯坦福商学院。但他没有立刻去学校，而是在一家公司干了一段时间。1978 年，鲍尔默为了公司的业务，曾到阿尔伯克基找过比尔·盖茨。

当时，比尔·盖茨曾动员他留在微软公司，但他没有答应。后来，鲍尔默又在几个地方做事，始终不愿意在一个地方长期固定下来。

1979 年，鲍尔默到西雅图来找盖茨，盖茨又对他说："你来微软公司吧，我们需要一个经理。"

鲍尔默说："还需要考虑考虑。"

1980 年初，比尔·盖茨把鲍尔默请到西雅图，再一次说服他为微软公司工作。

为了请动鲍尔默，比尔·盖茨把父母也动员起来，让他们出面做说服工作。鲍尔默最终答应了比尔·盖茨。但是他说手边的事还没有处理完，至少要等到夏天。

到了夏天，鲍尔默果然来到微软公司，在这里，他的年薪是 5 万美元，职务是总裁助理。

鲍尔默到微软公司后，原来的总经理史蒂夫·伍德就离开了微软公司。其时，微软公司的管理不规范，鲍尔默的责任也很模糊，他需要管理很多人和很多事。

微软公司的很多人都认为鲍尔默没有技术，对经营也不怎么懂，可工资却比谁都高。这使那些原本对待遇不满的人满腹怨言。比尔·盖茨没完没了地要求员工们加班，报酬又少，到后来甚至超过了法律的规定。员工们把比尔·盖茨告到了法院，于是，比尔·盖茨只好给他们增加工资。

随着鲍尔默在微软公司工作的时间越长，他的巨大价值逐渐被人们所认识。他充满了活力与激情，他也具有很强的攻击性，与比尔·盖茨相比，甚至有过之而无不及，但他的攻击性更多的是激励别人，而不是伤害别人。许多人都认为，听鲍尔默讲话，就像是聆听上帝的福音。

微软公司雇员深深为他充满活力、令人振奋的谈话所感染。一位市场经理这样评价他说："他要求你思考时不要拘泥于条条框框。与史蒂夫交谈后，你愿意为他付出一切。"

有关鲍尔默的精神与活力的故事很多，例如，他的妹妹雪莉说："很早以前他就是一位善于激励别人的人。他也激励我，由于他的激励，我跳过三年级。"

有人认为，微软公司后来的成就与鲍尔默密不可分。甚至有人说，正是他的全身心的投入，才使微软公司稳居于电脑世界变革的巅峰。

鲍尔默最显而易见的才能是善于交际。但是人们往往认为，其能力的另一面来自他的智慧。与他擅长交际的性格相比较，人们常常忽略了他的智慧，其实，他"非常非常精明"。

一位熟悉鲍尔默的朋友认为，鲍尔默充满了人格魅力。他还说："人们没有意识到他具备了传统大学生的所有素质，他实际上绝顶聪明。人们一般把他看成一个商人，但是作为讲究策略的思想家，他也同样是最好的一个。"

后来，鲍尔默成为微软公司的副总裁，是盖茨之下的第二号人物。

人的能力有不同的特征。有的人能将自身潜力发挥得淋漓尽致，而成为某个方面的顶尖高手。而有的人却能使别人乃至整个团队的潜力发挥得淋漓尽致。如果前一种人被称为人才的话，后一种人可谓之"帅才"。"帅才"就像一种化学媒介，能激活一个化学反应过程，就像一根火柴点燃一堆干柴一样。鲍尔默显然就是这样的帅才。

　　比尔·盖茨用了一个鲍尔默激活了整个微软。试想，如果盖茨仍然自己打理公司，不肯借用鲍尔默的管理专长，能使微软取得今天的成就吗？

　　盖茨成功，让我们不由得联想起中国的一位古人——刘备，他三顾茅庐请出诸葛亮辅助自己，得以三分天下有其一的故事至今为人们津津乐道。实际上刘备开创基业的过程同 经商做生意虽则事理不，一旦道理相同，就是需要借用各种各样的力量，包括手下人的力量。唯其如此，才有他从织席贩履开始，白手起家，创下"蜀国公司"这样一份偌大的家业。

第二章
暗借法：神不知鬼不觉的借力手段

嘴里不说借，桌子底下暗伸手，这是暗借。暗借或出于迫不得已，或出于追求更好的效果，总之是必须借而又不便言明。孔明草船借箭是暗借，胡雪岩借助人而利己是暗借，李嘉诚借一顿饭助爱子一臂之力也是暗借。暗借之妙在于一个"暗"字，讲求巧劲儿，需要智慧，所谓曲径通幽是也。

借别人的名成自己的事

千方百计地以自己的名成自己的事，甚或不惜花大本钱去造名，都不如借别人已有的名来得更便捷、更有效。

李泽楷的电讯盈科在 2000 年底至 2001 年初受网络泡沫的冲击，遭遇前所未有的股市危机，股价一跌再跌。"小超人"使尽浑身解数也未能扭转这一颓势。就在这时，人们惊奇地发现平常不愿在媒体和公众面前露面的其父李嘉诚忽然一反常态，频频出镜。

2001 年春节之前，1 月 18 日，星期四，中午 12 时 45 分，李嘉诚及李泽楷两父子，突然双双在位于香港的香格里拉酒店出现。随行的还有两名保镖。当他们穿过人来人往的酒店大堂，乘扶梯前往下层中餐厅"夏宫"之际，被宴会厅门外等候来访新加坡副总理李显龙的记者发现，全场即时热闹起来。当日他们在夏宫订了一间贵宾房，但一改常态，并不是往常习惯去的大门一侧、不大引人注意的那一间，而是在侍应带领下，穿过厅堂走向位于大堂正面的那一间。当时正值午市繁忙时间，大厅内不少客人均可目睹两父子吃饭的情景，引来阵阵耳语；而每当贵宾房门打开时，大厅客人均引颈内望，企图窥看父子二人在房内用餐的情景。饭局约在 2 点 15 分结束，李氏父子虽然早知门外有几十名记者守候，但照样一起走出夏宫。李嘉诚一见到记者便笑眯眯地说："怎么你们会在这里？我可不是你们想象推测的那样（商讨洽购大东所持的电盈股份），只是同朋友吃顿饭。"

李氏父子一起吃饭被记者碰上，并不寻常，当然事出有因。据该酒店一名大堂职员表示，李嘉诚虽然每月都会到香格里拉吃饭，但只会在晚上出现。此次与儿子李泽楷一同前往记者众多的酒店用餐，无疑是为因最近盈科股票下跌而烦恼的李泽楷做出正面声援，以帮助其脱离股市泥潭。

作为长江实业集团主席的李嘉诚与李泽楷两父子有意在一家酒店公开进餐，表明李嘉诚将出手帮助李泽楷，为电盈拉拢策略性投资者，收购大东手上部分电盈股份，以免电盈股价继续寻底。而李泽楷当时接受记者采访时却强调，配售事宜正适当安排，但因法律所限，暂时不能公开任何计划。被问及电盈是否与刚来港的新加坡副总理李显龙洽商与新加坡电信合作一事，李泽楷则三缄其口。谈到是否向父亲求助，他则说"没有主动（向李嘉诚）要求协助"。问及李嘉诚会不会主动相助，李泽楷则说"你问也吧！"李泽楷同时还否认基金不愿吸纳电盈股份，并了解到有些基金一直对电盈进行研究，他对这些基金有信心，但一切待适当时候再公布。对日前传言该公司互联网主营业务将延迟上市，他的回答是，互联网主营业务一直计划在一年之内、在市场容许时上市，现时市场上有太多专言，他无法逐一澄清。另外，他有信心电盈的 47 亿美元再融资计划能顺利完成，由于银行给予该公司的息率比英国电讯低，他对再融资的息率表示满意。至于市场盛传电盈价有机会下调 3 元，李泽楷说，该公司一定会为股东想。

不管李泽楷怎么说，李氏父子相约共进午餐的消息，马上在香港金融界流传开去，闹得沸沸扬扬，并令当天上午还在三元九角水平喘息的电盈股价，下午一开市时便急速反弹近一成。

这一饭局之后，市场陆续传出多项利好电盈的传言，如持有电盈股份的中国电信，会接下大东计划于下月抛售的 16 亿股电盈；也有人揣测李嘉诚要出手姜货，撑住小儿子李泽楷云云。

此后的一个多星期时间，狂沽电盈的对冲基金以及"空仓之军"，见形势不对，于是暂时鸣金收兵，马上在市场买货补仓，使得电盈股价掉头抽上，升回 4 元以上的心理关口，最后以四元二角五收市，升幅达一成。而李氏父子这一顿高调的"世纪午宴"，不单令电盈市值一天回升 82 亿元，而且令电盈股价急挫局面扭转，暂时化险为夷。

事后人们逐渐回过味来，这显然是李泽楷父子演的一出双簧，他们根本就用不着说什么，只需在大庭广众之下一起吃上一顿饭，闲聊上几句即可，目的正是为了引起人们的猜测：老"超人"

要出手了，由此，多大的危机瞬间化为乌有。

这里小超人借用的是老爸财大气粗、一言九鼎的公众形象。

结盟是为了哥俩好

> 朋友是我们人生中重要的组成部分，是促使我们双赢的重要因素。

实际上，生意场上奉行的原则应该是：朋友千人还太少，敌人一个也为多。商人间向来以"生意不在情义在"为最高原则之一，这也是东方人文思想在商业领域的一种有特色的表现形式。

香港巨贾曾宪梓在成功前，有一次他背着领带到一家外国商人的服装店推销。服装店老板打量了一下他的寒酸相，还操一腔浓重的土话，就毫不客气地让曾宪梓离开店铺。曾宪梓碰了一鼻子灰，只好快快不快地走出店门。

曾宪梓回家后，好好反思了一夜。第二天早上，他身穿笔挺的衣服，又来了那家服装店，恭敬地对老板说："昨天冒犯了您，很对不起，今天能否赏光吃早茶？"服装店老板看了看这位衣着讲究、说话礼貌的年轻人，好感顿生，欣然答应，老板问曾宪梓："领带呢？"曾宪梓真诚地回答："今天是专门来登门道歉的，不谈生意。"那位老板终于被他的真诚和谦卑感动了，敌对情绪马上烟消云散，敬佩之心油然而生，他诚恳地说："明天你把领带拿来，我给你推销。"从此以后，这家服装店老板和曾宪梓居然成了好朋友。两人真诚地展开合作，促进了金利来事业的发展。

作为创业者，根基尚浅、实力欠厚，最忌讳的一件事情就是结冤家。俗话说：冤家宜解不宜结。在没有原则性分歧、不会给你带来重大经济损失的前提下，不妨处处与人为善，以和为贵。否则，如果斤斤计较，就会无意中得罪他人、暗结冤家，为以后事业的发展带来不利的影响。一位日本企业家曾经深有体会地说："我之所以能有今天的成就，单靠自己的力量是远远不够的，而是得力于广泛的人际关系。我的朋友三教九流都有，如文学家、教育家、学术家、商业家……应有尽有。"中国也有句俗话："一个篱笆三个桩，一个好汉三个帮。"

可见，良好的人际关系是成功的重要因素之一，永远是一项不可缺少的重要资产和财富。

先发展友谊后做生意，借而不显借，这就是中国式的生意经。

当然，有的时候事到临头现去发展友谊恐怕来不及，不妨找一些变通的法子，采取互惠互利的方式找到同盟者。

1949 年，胡氏兄弟从中国内地到香港谋生。当时，香港的经济还很不发达，别说创业，连找份工作都很难。

胡氏兄弟觉得在香港很难发展，便决定到巴西寻找创业机会，1955

年，他们来到巴西圣保罗市。经过一番寻找，终于找到一份工作，有了个落脚点。

有一回，胡大到南里奥格兰德州首府雷格里港旅行，在一间餐馆吃饭时，发觉一种意大利肉鸡美味可口，同时他还打听到，这种意大利肉鸡是一种有名的肉食，当地人十分喜爱，胡大当时脑海中灵光一闪。

真可谓踏破铁鞋无觅处，得来全不费工夫。

胡大无意中获得了意大利肉鸡这个信息，他顾不得旅行，马上赶回圣保罗与弟弟商量养意大利肉鸡的事情。

经过商量，兄弟俩觉得此事很有前途，但可惜自己没有资金。

没钱，怎么办得起鸡场？他们给难住了。

连续几天奔走求人，但没有人肯借，在走投无路之时，胡大突然想起了中国传统谋略中所说的"借术"。当自己力量不够的时候，应当善于借助别人的力量。

胡氏兄弟策划组织了一个互助会，其实质是一种合作社形式，在其相识的朋友、邻里、工友中招募人员参加。

他们反复讲明这些参加互助会的成员投入的本金及利息可按时归还，并将会获得较好的分红，因为互助会所筹集的资金是用来创办有发展前途的意大利肉鸡场的。

经他们俩坚持不懈的宣传和东奔西跑的登门游说，终于筹到1万美元。他们就凭这1万美元在阿雷格里郊区办起了一个养鸡场，取名为"阿维巴农场"。

由于资本不多，农场初期的规模不大，每星期只能供应200只肉鸡。但胡氏兄弟却充满信心，在他们辛勤劳动和精心管理下，阿维巴农场迅速发展壮大起来，几年后就扩大为阿维巴公司。随后，公司办起了多个养鸡场。

到 2001 年，他们已拥有 24 个养鸡场。同时，他们还相继建起孵化场、饲料厂、冻鸡加工厂等，使公司各项业务配套成龙。

随着养鸡业的发展，胡氏兄弟的财富不断增多，他们乘势拓展业务，先后又办起了 4 家贸易公司，这方面的年营业额也高达 2 亿美元。

胡氏兄弟白手起家，以"互助会"形式发挥"借"术，从养鸡开始，成功地开创和发展了自己的事业。这种"借鸡下蛋，以蛋孵鸡"的手法，十分高明。

以借养借做成大生意

借术有奇招，既要会借，又要敢借。

从一位穷苦的律师成为家财亿万的巨贾，阿克森就是靠借贷赚钱起家的。

20 世纪 60 年代，28 岁的阿克森还在纽约自己的律师事务所工作。面对众多的大富翁，阿克森不禁对自己清贫的处境感到失落，这种日子不能再过下去了，他决定要闯荡社会。有什么好办法呢？左思右想，他想到了借贷。

他来到律师事务所，处理完几件事后，关上大门到邻街的一家银行去。找到这家银行的借贷部经理，阿克森声称要借一笔钱，修缮律师事务所。在美国，律师因他们的人头熟，关系广，有很高的地位。因此，当他走出银行大门的时候，他的手中已握着1万美元的现金支票。

阿克森又进入了另一家银行，在那里存进了刚刚才拿到手的1万美元。完成这一切，前后总共不到1小时。

之后，阿克森又走了两家银行，重复了刚才的做法。

这两笔共2万美元的借款利息，用他的存款利息相抵，大体上也差不多少。几个月后，阿克森就把存款取了出来，还了债。

这样一出一进，阿克森便在4家银行建立了初步信誉。此后，阿克森便在更多的银行玩弄这种短期借贷和提前还债的把戏，而且数额越来越大。不到一年光景，阿克森的银行信用已十分可靠了。凭着他的一纸签条，就能一次借出10万美元。

信誉就这样出来了。有了可靠的信誉，还愁什么呢？

不久以后，阿克森又借钱了，他用借来的钱买下了费城一家濒临倒闭的公司。60年代的美国，是充满机会的好时光，只要你用心，赚钱还是丝毫没有问题的。8年之后，阿克森拥有的资产达1.5亿美元。

如果你既拥有阿克森那样聪明的借贷大脑，又有拉江·皮莱那样的借贷胆量，你的经商之路将会一片坦途。

亚洲饼干大王拉江·皮莱与其说他是饼干大王，倒不如说他是借钱大王。他的公司在1991年营业额达到7亿美元，但他却负债累累。1992年，皮莱公司的负债额高达1.15亿美元。相比之下，你借的钱又算什么呢？

不要怕借钱。只要你气魄够大，信心够足，选准切口，你就会大有赚头。皮莱公司虽然借贷额高，但他却不会被债务压垮。他把借来的钱，集中投资在不会发生衰退的粮食业上。人们总要吃呀！这样，皮莱就不会有竹篮打水的危险。

我们说借是做生意的基本素质，不管是数以亿计的大生意，还是日进锱铢的小买卖，你那根"借"的商业神经必须时刻紧绷着。为此，经商者必须充分理解"借"的丰富内涵并化用之。当然，像上例中讲到的借术实属险招，只供参考，不可借鉴，因此这样的借术只能给它的创造者提供成功，而对模仿者一般是比较吝啬的。

借守财而生财

> 有成为百万富翁愿望的人永远最关心成本和利润。

经商与理财的一些道理，早在春秋战国时代的范蠡，就有过这方面的研究。他在帮助越王勾践灭掉吴国后，便知勾践此人"可与同患，难于处安"，就辞官离开越国，投身商业活动。没过多久，他便成为腰缠万贯的巨商。范蠡经商成功之道是善于理财，他归结经商理财为 18 法：

生意要勤快，切勿懒惰，懒惰百事废；价格要订明，切勿含糊，含糊则争执多；用度要节俭，切勿奢华，奢华则钱财竭；赊欠要识人，切勿滥出，滥出则血本亏；货物需要验，切勿滥入，滥入则质价减；出入要谨慎，切勿潦草，潦草则错误多；用人要方正，切勿歪斜，歪斜则托付难；优劣要细分，切勿混淆，混淆则耗用大；货物要整理，切勿散漫，散漫则查点难；期限要约定，切勿马虎，马虎则失信用；买卖要随时，切勿拖延，拖延则失良机；钱财要明慎，切勿糊涂，糊涂则弊窦生；临事要尽责，切勿妄托，妄托则受害大；账目要稽查，切勿懈怠，懈怠则资本滞；接纳要谦和，切勿暴躁，暴躁则交易少；主心要安静，切勿妄动，妄动则误事多；工作要精细，切勿粗糙，粗糙则出劣品；说话要规矩，切勿浮躁，浮躁则失事多。

范蠡经商由于时代的不同和一些阶级的局限性，运用了很多唯利是图和狡诈的手段，这当都是不足取的。但是从经商理财的道理上来说，许多还是值得参考的，总之，购、销、调、存中能精打细算，善于理财，商品经营成本就会降低，获取盈利的机会就会高。可见，理财是经营者必须懂得和注意的，只有这样，才能取得更好的经营效益。

"抓好搂钱的耙子，管住盛钱的匣子。"这是讲既要会生财，又要会理财。生财、聚财、用财是企业理财的三大关键。企业经营条件愈好，赢利愈丰，但不会理财，"盛钱的匣子"到处都是洞，恐怕赢利再高，也架不住"跑、冒、滴、漏"。所以，经营者既要会生财、聚财，又要会理财。理财之道甚多，其中之一就是"锱铢必较"。企业在经营管理中，应力求俭约。争取使消耗达到最低限度，让每一种费用都发挥出应有的最大作用。企业落实勤俭节约的精神，处处"锱铢必较"，容易给人以"悭吝"、"小气"的印象。但这种"小气"

意识和行为，是企业走向成功所不可缺少的关键因素。世界上不少著名的大企业家就是靠"小气"起家和发展起来的，也正是依靠"小气"达到今天称雄市场的地位。日本丰田汽车公司就是其中的一例。

丰田汽车公司创建于1933年，它的前身是丰田自动纺织机械公司。开拓人丰田佐吉的儿子丰田喜一郎在1938年建立起丰田汽车厂，但他不善理财，致使产品生产成本过高，再加上其他问题，造成公司在"二战"后债台高筑。至1950年，这家只有2.1亿日元资本的公司，负债额高达10亿日元。于是丰田喜一郎引咎辞职。丰田佐吉委派他创办丰田纺织机械公司时的副总经理石田退三接任，石田退三一上任就倡导节约风尚，能省则省，能俭则俭，如厕所用水要节约；笔记用纸写完了，反面做便条纸；手套也是破一只才能换一只，如此等等。被一些人讥之为"小气"，"小气"的名声也随之远扬。但是在"小气"名声之下，丰田汽车公司的生产成本却降低了，销量也扩大了。从此，一跃成为世界上最大的汽车公司之一。

实施"锱铢必较"的谋略，应力求事事精打细算，不能注意一点，不管其他方面。要从一分钱、一度电、一滴油、一两棉纱算起。"锱铢必较"不仅是理财问题，算得好，日积月累，它也会成为一条重要的生财之道。

弃小鱼钓大鱼的借力术

> 舍不得孩子套不得狼。那个被舍弃的"孩子"是生意场上不可或缺的借力点。

做生意谁都希望花小钱甚至不花本钱却能赚到大钱。但除了偶然因素，多数情况下是付出多少，回报有多大。而在市场竞争异常激烈的情况下，更需要先弃后取。

美国加州萨克拉门多有位青年。由于他的家境贫困，从小便到处做工，省吃俭用，到25岁时省下了少许钱，便开始做家庭用品的通信贩卖。

他聪明地在一流的妇女杂志上刊载他的"1美元商品"广告，所登的都是有名的大厂商的制品，而且都是实用的，其中20％的商品的进货价格超出1美元，60％的进货价格刚好是1美元。所以杂志一刊登出来，订货单就像雪片似的飞来，他忙得喘不过气来。

他并没有什么资金，这种做法也不需什么资金，客户汇款来，他就用收来的钱去买货就行了。当然，汇款越多，他的亏损就越多。但他并不傻，在寄商品给顾客时，再附带寄去二十种3美金以上、100美金以下的商品目录和图解说明，再附一张空白汇款单。

这样虽然1美元商品有些亏损，但是他是以小金额商品亏损来买大量的顾客的"安全感"和"信用"。顾客就不会在疑虑的心情之下向他买价格较高的昂贵东西了。就这样，昂贵的商品不仅可以弥补1美元商品的亏损，而且可以获得很大的利润。

他的这种以小鱼钓大鱼的经商法，真是有惊人的效果。他的生意就像滚雪球一样越做越大，1 年以后，他开设了 FDT 邮购公司。又过了 3 年，他雇用了 50 多位员工，公司在 1974 年的销售额多达 5000 万美元。

"欲取先予"法可以说无所不在，企业要盈利是"欲取"，提供商品就是"先予"。

没有这个"先予"，"欲取"就是一句空话。其次，企业要能广销自己的商品，获得更多的利润，就必须使自己的商品质量提高，这就需要多花成本。偷工减料，质量低劣，也就不可能有好的销路，获得更多的利润也就要落空。没有后者，前者也就不会存在了。

美国布兰希保险公司，在招揽保险业务之前，先为顾客寄上一份各种保险证明书和简单调查，同时附上一张优待券。调查表下附有这样的说明："请您填好表后把优待券同时寄回，本公司将向您赠送两枚中国或其他国家的仿古硬币。这绝非要强迫您参加本公司的保险，而是为了感谢您的帮助。"公司寄出了 3 万多封这样的信，不久就收到了 2 万多封回信。根据回信的地址，公司推销人员便带着古色古香的各种仿古硬币，逐户拜访赠送，让顾客们在五光十色的各式仿古硬币中任意挑选合意的两枚。在挑选中，推销人员和顾客之间的生疏感消除，换来的是融洽气氛；推销员便不失时机地向顾客宣传参加保险的好处，并邀请他们参加该公司的保险，结果招揽到 6000 多份保险合同，仅利润一项，就高出所赠仿古硬币开支的好几百倍。

因而，"欲取先予"法在经商中被大量应用，运用得当者将有非常好的经济效益。

经营的重要目的在于获利，然而精明的经营者必须懂得，买卖的过程实际上是一个互惠互利的过程。如果独吞全部，让买方觉得无利可图，买卖肯定也不会大。贪图小利是人性的一大弱点，对于个体消费者来说尤其如此。假如消费者在购买商品的同时，又能获得一点额外的奖赏或小利，这对他们来说是有很大吸引力的。了解经营的性质和消费者"人性之中的弱点"，我们就可以有针对性地采取"略施小利"的策略，悬"小饵"，钓"大鱼"。

第三章

强借法：不借也得借

经商之道，就借法而言也要善于应变。明的不行，暗的不灵，怎么办？有利而不取，非商人本性，这时候就得来点硬的、绝的。强借，有对方不愿意借而强迫之意。或严词厉色，或巧用手腕，迫其不得不借。强借的要诀是要扼住对方的七寸，反正大目的达到了，小节处终归容易处置。

让对手为自己埋单

> 让对手为自己埋单的方法是让对手成为自己的同盟者，和自己共担风险。

世界上就有这种事，本来作为生意场上的对手，他急切地盼望你的失败，盼望你失败后像仆人一样倒在他的脚下，给他一个毫不留情地拒绝你的机会，然后心安理得地拿走本该属于你的利润。但是当失败的阴

影笼罩在希尔顿正在建造的一座饭店上时，他却审时度势，施展高明的
强借术，硬是让对手掏钱帮他完成了工程。

希尔顿在建造达拉斯希尔顿饭店时，这个饭店的建筑费用要 100 万
元，而他当时并没有这么多钱，所以开工后不久，就没有钱买材料和交
付工钱了。

希尔顿想了一个奇招，他决定去拜访地产商杜德，也就是那个卖地
皮给他的人。

希尔顿找到他后，开门见山地说："杜德，我没有钱盖那房子了。"

"那就停工吧。"杜德毫不经意地说，"等有钱时再盖。"

"我的房子这样停工不建，损失的可不是我一个人。"希尔顿故意顿
了一下，才接道：

"事实上，你的损失将比我还要大。"

"什么？"杜德眼睛瞪得像铃铛，不相信自己耳朵似的，"你这话是
什么意思？"

"很简单。如果我的房子停工了，你附近那些地皮的价格一定会大
受影响，如果我再宣扬一下，希尔顿饭店停工不盖，是想另选地址，你
的地皮就更不值钱了。"

"怎么，你想要挟我。"

"没有人要挟你，我只是就事论事。"

"可是，你是没有钱才……"

"没有人知道我会没钱。"

"我会告诉他们的。"

"没有人会相信，我现在已拥有好几个饭店，规模虽都不算大，但

声名却不坏。相信我话的人一定比你多。同时我做的生意交际广，认识的人也比你多。"

这番话使杜德动容了，说话的气势小多了。"咱们无怨无仇，你何苦跟我过不去。"

"为了希尔顿饭店的名誉，我不得不出此下策。"希尔顿的态度也变得很委婉，"我总不能让大家知道我穷得连盖房子的钱都没有。"

"可是，绝不能为了你自己把我也给害了。"

希尔顿故意皱着眉头，沉思一会儿后说："我倒是有个两全其美的办法，不知道能不能行？"

"什么办法？"

"你出钱把饭店盖好，我再花钱买你的。"杜德张嘴欲言，希尔顿用手势止住他，接道：

"你别急，听我把话说完。你出钱盖房子，我当然不会亏待你，就等于是你盖房子。

最主要的是，饭店的房子不停工，你附近那些地皮的价格就会上扬。我如果再想个办法宣传宣传，你的地皮不是价钱更好了吗？"

虽然这是希尔顿耍的手段，但实情也确是如此，无奈之下，杜德只好答应了他的条件。

1925 年 8 月间，达拉斯希尔顿饭店开张了。这是一家新型大饭店，也是希尔顿饭店迈入现代化的一个起点。

希尔顿让地产商按照他的设想把房子盖好，然后又让地产商以分期付款的方式卖给他。

这种事听起来似乎根本不可能，但事实上，只要抓住了对手的"七寸"，即使让他们干一些暂时牺牲自己利益的事，他们也会照办的。

借情动人强借法

> 对重情者动之以情，再晓之以理，则事无不成。

人们都知道胡雪岩借官营商，但他绝不仅仅靠官，而是善于根据事情的不同状况灵活变通处理。

自从胡雪岩的靠山王有龄上任"海运局"坐办后，抚台交托王有龄去上海买商米来代垫漕米，以期早日完成浙粮京运的任务。漕米运达的速度，与江南诸省地方官的前途关系甚大。至于买商米的银款，由胡雪岩出面，到他原来的钱庄去争取垫拨。

在松江，胡雪岩听到他们的一位朋友说，松江漕帮已有十几万石米想脱价求现，于是他充舟登岸，进一步打听这一帮的情形，了解到松江漕帮中现管事的姓魏，人称"魏老五"。

胡雪岩知道这宗生意不容易做，但一旦做成，浙江粮米交运的任务随即就可以完成，可减免许多麻烦。所以他决定亲自上门谒见魏老爷子。

胡雪岩在他的两位朋友刘老板和王老板的带领下，来到了魏家。时值魏老爷子未在家，只其母在家，她请三人客厅候茶。只见到魏老爷子的母亲，刘、王二老板颇觉失望，然胡雪岩细心观察，发现这位老妇人慈祥中透出一股英气，颇有女中豪杰的味道，便猜定她必定对魏当家的有着很深的影响力，心下暗想，要想说动姓魏的，就全都着落在说服这位老妇人身上了。

胡雪岩的后辈之礼谒见，魏老太太微微点头用谦逊中带着傲岸的语气请三人喝茶，一双锐利的眼光也直射胡雪岩。当三人品了一口茶之后，魏老太太开门见山地问道："不知三位远道而来，有何见教？"

胡雪岩很谦卑地说道："我知道魏当家的名气在上海这一带是响当当的，无人不晓，这次路过，有幸拜访。并想请魏大哥和晚辈小饮几杯，以结交结交友情。"

寒暄过后，在魏老太太的要求下，胡雪岩也不便再拐弯抹角了，便把这次的来意向魏老太太直说了。听完胡雪岩的话后，魏老太太缓缓地闭上眼睛。胡雪岩感觉到整个空气似乎凝固了，时间过得很慢。良久，魏老太太又缓缓地睁开眼睛，紧紧地凝视着胡雪岩说道："胡老板，你知不知道，这样做是砸我们漕帮弟兄的饭碗吗？至于在裕丰买米的事，虽然我少于出门，但也略知一二，胡老板有钱买米，若裕丰不肯卖，道理可讲不通，这点江湖道义我还是要出来维持的。倘若只是垫一垫，于胡老板无益可得，对于做生意的，那可就不明所以然了。"

听了魏老太太的话，胡雪岩并没有灰心，相反却更加胸有成竹地大声说道："老前辈，我打开天窗说亮话。如今战事迫急，这浙米京运可就被朝廷盯得紧了，如若误期，朝廷追究下来不但我等难脱罪责，我想漕帮也难辞其咎吧！为漕帮弟兄想想，若误在河运，追究下来，全帮弟兄休戚相关，很有可能被扣上通匪的嫌疑，魏老前辈可对得起全帮弟兄？"

　　江湖中，"义"字当头。胡雪岩以帮里义气相激，正好击中魏老太太的要害之处，使得魏老太太不得不仔细思量。

　　胡雪岩再三强调其中道理，魏老太太听完之后，终于心中暗肯，于是吩咐手下人将儿子魏老五叫来。

　　过不多久，一男子风尘仆仆地冲了进来，只见他约莫四十上下，个头不高，但浑身肌肉饱满黝黑，两眼目光也是如鹰一样，内行人一见便知是个厉害角色。此人正是漕帮现在的执事魏老五。魏老五向魏老太太请安后，魏老太太引见了胡雪岩和刘、王二位老板，看着老人家对胡雪岩三人的尊敬劲，魏老五也很客气地称呼胡雪岩为"胡先生"。

　　魏老太太说："胡先生虽是道外之人，却难得一片侠义心肠。老五，胡先生这个朋友一定要交，以后就称他'爷叔'，吧。"

　　老五很听话地改口叫道"爷叔"。

　　"爷叔"是漕帮中人对帮外的至交的敬称，漕帮向来言出必行，虽然胡雪岩极力谦辞，但魏老五喊出第一声"爷叔"，其余的人也就跟着齐呼"爷叔"。

　　当晚，魏家杀鸡宰鹅，华灯高掌。魏老太太、魏老五、胡雪岩、刘、王二位老板频频举杯，以祝友谊。就这样，凭着胡雪岩的三寸不烂之舌，很快就与漕帮的龙头老大魏老五由初识而结成莫逆之交。以魏老五的威信，胡雪岩买米的事已不成问题。

　　在与魏老五的关门弟子尤老五，也就是现行的漕帮老大商谈买米一事中，胡雪岩见尤老五面露难色，只是迫于师父魏老五的面子不好讲，所以口头上虽然答应了，心里面却是十二分的不愿意。见此情景，胡雪岩并没有乘人之危，买了米就走。他打开天窗说亮话，告诉尤老五，有什么难处只管说，不然我胡雪岩就不买这批米了。尤老五见胡雪岩如此直爽，也没什么顾虑了，就把自己心中的隐衷对胡雪岩一吐为快。原来自从官粮海运以后，漕帮的处境十分艰难，目前正是缺银少钱的时候，他们需要的是现钱，而胡雪岩的"买"

只是一时的权宜之计，待官粮收齐后，又要退还漕帮，现在买，只是一时的周转之计，以后到漕帮手里的还是米，这使尤老五很为难，但魏老五已经答应下来了，他也不敢有所怨言。

胡雪岩了解到这种情况后，马上与出资买米的钱庄总管张福康商量，看钱庄能不能待漕帮以后把退还的米卖掉后再收回现在支出的银两，而不是一俟退米之后，就急于收回银两。

张福康知道胡雪岩是值得信赖的人，二话没说就答应了。

尤老五的难处解决了，他自然非常高兴，也极为欣赏胡雪岩的为人。于是，买米的事很快就谈妥了。

胡雪岩这次买到的不仅仅是米，还买到了与尤老五的"情"。自此以后，尤老五对胡雪岩"惟命是听"，只要是胡雪岩的货，漕帮绝对是优先运输。所以胡雪岩的货运向来是畅通无阻来往迅速。不仅如此，尤老五还把他在漕帮中了解到的商业信息，及时向胡雪岩汇报。胡雪岩有此商业"密探"，自然增加了对商场情况的了解，在商业活动中抢占了不少有利时机。

作为一个商人，自然要就货论价谈生意。但是当时中国的生意场是十分复杂的，有洋商、有买办，有亦官亦商有亦匪亦商，还有像魏老五这样的帮派之商。所以经商时既要讲商道，又要能进什么门说什么话讲什么规矩。胡雪岩与魏老五、尤五的漕帮打交道，首先以漕帮尊崇的一个"义"字打动了魏老五之母，又以其母之情去压魏老五，不管魏老五愿不愿意，漕帮的力量算是借定了。再加上胡雪岩替对方着想的善后处理而不是以情压人达到目的就走，更使他赢得对方完全的信任。由此我们不能不由衷地赞一声：高，实在是高。

一借再借，功到自然成

事情棘手，就得强施连环借法，所谓一借不成，何妨再借。

胡雪岩要在上海做米行生意，生意若要做活，必出奇招，改变套路，抓住机会，才有所获。海运局向来只购不巢，给人印象属官办机构，赢利不多。今年浙江谷米丰收，米价狂跌，胡雪岩知道北方连遭旱灾，粮食紧缺，于是当机立断，一改通常惯例，大量收购新谷，寻找米商脱手，打一次奇袭战，赚一笔银子，再转入常规运作。

在这次行动中，胡雪岩迫切需要寻找大宗买主，迅速成交，否则拖延日久，与同行产生竞争，难以脱手。

所以胡雪岩必须卖了新谷腾空谷房，再购谷米应付海运，计划才算圆满完成。

本来，他与山东大米商潘家祥已经签订了契约，等潘家祥付银运米了。没想到事情陡生变故，潘家祥毁约，转而与"隆重昌"米行的谭柏年签了约。

在"隆昌"米行，谭柏年不是老板，胜似老板，真正的老板名叫石三官，远在苏州乡下，是个纨绔。父亲死后遗下一大笔财产，又继承了年代颇久的一家老米行。石三官喜欢斗鸡走马玩蟋蟀，疏于生意买卖，便把米行一切事务交给舅舅谭柏年，委托他全权处理一切，连账本也不过目，每年只需按时交付赚来的银子，便不过问。谭伯年得了授命，仗着长辈关系，在米行中行使老板权利，对伙计十分苛刻，店里上下没有一个不惧他的。

山东米商潘家祥抵达上海，谭柏年闻讯前去码头相迎。他两是老相识，言谈之间，谭柏年得知对方有意要在上海收购大批谷米，运往北方。此前，潘家祥见到《申报》刊登快讯，知道齐鲁适遇大旱，庄稼歉收，急需大米救灾。两相印证，潘家祥肯定要做一笔大生意。上海米行林立，各家竞争激烈，这块肥肉到底落入谁家之口，尚难料定。谭柏年决意拼力一争，做成这笔生意。

凭经验，谭柏年知道潘家祥本钱雄厚，不屑于做零碎买卖。与小本米行锱铢必较，费力费神，且不能满足需要，能看得上眼的大米行，在上海不过三五家。谭柏年把几家米行加以排列，估量实力，隆昌属前三名，可以力争。谭柏年同样喜欢做大买卖，报损宰高，回扣可观，一笔生意下来，除了应付石三官，自己还能落下一笔银子。

然而，见到潘家祥之后，潘却说他与胡雪岩已经签订了契约，并将契约掏给谭柏年看。

谭柏年只瞅了一眼纸上"胡雪岩"三个字，便明白对方说的是实话，敢于把这事告诉他人，证实这桩买卖已铁板钉钉，笃定泰山，不会生变故的。谭柏年霎时充满失望之感，心里暗骂：姓胡的忒狠毒，竟把手伸到上海，虎口夺食！

胡雪岩在浙江把持海运局，改漕运为海运。干得相当成功，商界尽人皆知。但没想到他会在上海米行中抢生意，谭柏年事先排定的上海各家米行名单中，偏偏没有想到过胡雪岩。

这是因为胡雪岩的海运局主要收购谷米北运，与潘家祥干同样营生，而非售米。这真是半路杀出个程咬金，令谭柏年的如意算盘落了空。按他的筹算，隆昌米行的存米全部出手，他至少可得2万银子的外快，而今却打了水漂儿，怎不叫谭柏年锥心般刺痛。

于是谭柏年使尽了伎俩，废尽了口舌，终于使潘家祥毁了约。

潘家祥的毁约，令胡雪岩尝到了失败的滋味，倘若再传到圈内人中间，有损他的信用。潘家祥系山东富商，垄断了北方民间粮米市场，在商场中具有举足轻重的影响，而胡雪岩向来以诚为本，视信用为生命，如今不能取信于潘家祥，有何面目见商场同仁？

于是，胡雪岩打定主意为自己的利益而战。他沉思了一刻，便想出了一套连环的借力打力之计，接着他就环环实施。

第一步是借用谭柏年的弱点整倒他。

俗语云：苍蝇不叮无缝的蛋。胡雪岩在商场征战半辈子，极善于抓住对手的弱点和疏失，予以痛击，无往不胜，十分灵验。凭他的直觉，谭柏年身为隆昌米行档手，老板不在店内主事，他必然营利舞弊以售其奸。天下谁人不愿当老板？世上哪个不爱金钱？石三官放任谭柏年作主张，岂无肥私劣迹？

胡雪岩搜索枯肠，细细回想与谭柏年曾经做过交易的每一个情节。如果换成其他人，早已把这些陈谷子烂芝麻的事忘得一干二净。但胡雪岩毕竟是胡雪岩，他记忆力惊人，如电火闪烁，忽然记起一个情节：当时同谭柏年讨价还价时，谭柏年并不在意谷米的介码，只是要求按一厘二的回扣，把钱存到"裕和"钱庄户头上。胡雪岩敏感地觉察到这笔钱存得蹊跷，若是替主人赚的钱，必然随大笔米款同存入一个户头。分开来的目的，说明谭柏年私吞这笔回扣银，而石三官毫无察觉。生意场上，档手欺骗东家，"账房吃饱、老板跌倒"，这现象比比皆是，胡雪岩见惯不惊。以此观之，谭柏年单是从售米私吞的回扣，当不是少数。可以推测，此次潘家祥毁约、与隆昌成交，谭柏年必然竭尽诋毁诽谤之能事，而为一大笔回扣力争，使他获得成功。

胡雪岩有些兴奋，他自知抓住对方狐狸尾巴，只需用力拖拽出洞，使其真面目大白于天下，则可战而胜之，挽回败局。

胡雪岩以存20万两银子为条件，让资金紧张的"裕和"钱庄的档手谷真豪把"隆昌"米行档手谭柏年在"裕和"的存款数目告之。

谷真豪果然送来明细账，秀丽的小楷，把谭柏年每次存银的数目、日期誊写得一清二楚，明白在目。

胡雪岩大喜过望，立刻按谭柏年每次存银的数目，推算出"隆昌"近年来的生意情况，隆昌米行再无秘密可言，而谭柏年从米行中攫取的不义之财也暴露无遗。

第二是借谭的倒台入股"隆昌"米行。

胡雪岩用计假冒"裕和"之名，将谭柏年在裕和的存银和利息结算账单故意误送至老板石三官处，使隆昌米行的老板石三官知道了谭柏年的所作所为。胡雪岩又找到了石三官，以入股三成、负责米行事务为条件，帮助石三官整顿米行，挽回损失，获得石三官的允许。

胡雪岩把谭柏年的罪证出示，并说：一要么把谭柏年送官处置；二要么改跟他安心管理米行为他奉差，而且俸银必翻番，二者任谭柏年选择。在胡雪岩威逼利诱下，谭柏年无路可走，只好打定主意，死心塌地替胡雪岩效力。胡雪岩教他听候待命，不要轻举妄动。原来胡雪岩考虑到潘家祥既然敢毁约，一定对胡雪岩的信用产生了怀疑，贸然劝他信守前约，必遭碰壁。唯有设下圈套，令他钻入，不得解脱，情急之中，才可乖乖就范。

三是借控制隆昌米行对付潘家祥。

潘家祥并不知道隆昌米行的变故，他绝对信任谭柏年。签约付定金后，潘家祥急忙返回山东，寻找销售谷米的合作伙伴。其时，北方数省旱灾严重，庄稼连年赚收，饥民成群，已出现"吃大户"、"抢公仓"的情形。捻军、白莲教等团体，乘势号召天下，揭竿而起，攻城略地，对抗官府，局势危如累卵。

朝廷严令各省抚督，开仓赈灾，安抚饥民，以防民变。

潘家祥看到这种情景，心中暗喜。饥民愈多，谷米愈不愁销路，正可屯货居奇、待价而沽，谋求最高的价钱抛售出去。

他正在物色代理商，胡雪岩请的一位官大人翩然来访，此人自称主持直隶粮道，急需购进大批谷米，缓解直隶灾情。潘家祥知道他说的是实情，几天来，前来拜访的粮道官员接踵而至，都企望潘家祥这位粮商提供米源，盖因朝廷公仓空虚，漕运迟迟不至，远水不解近火。潘家祥未便慨然相允，官府出价太低，差强人意。

这位粮道大人焦急不安，出手不凡，愿以每石15两银的价码，购买两万石谷米。潘家祥估算一下，已高出进价近两倍，除去运费打杂开支，这笔生意净赚10多万银子。他暗自高兴，却不形于色，大叹苦经说："江南战乱频仍，谷价腾贵，购之不易，路途迢迢，成本高昂，我已蚀不起老本，不敢多做了。"

粮道大人知道他在讨价还价，索性每石再添2两银子。潘家祥见火候已到，决定成交。

签约付定金后，粮道大人意味深长道："救灾如救火，还望潘公信守合约，按此交割，耽误了公事，可不是闹着玩的。"潘家祥拍住胸脯说没问题。

当下潘家祥乘小火轮飞快回到上海，只等谭柏年如期交米，他已雇下快船20多只，整帆待发，万事俱备，只等装船启运。

眼看第二天便是行期，隆昌米行毫无动作，船老大来客栈见潘家祥，询问哪天装船。潘家祥正在吞云吐雾，闻言吓得没了烟瘾，一骨碌从榻上翻下来，心急火燎，打轿到隆昌问罪，谭柏年一迭声致歉，言称米行已换了老板，他做不了主，凡事可问胡雪岩。

潘家祥正要发作，只见胡雪岩背着双手，踱出内屋，便明白了：原来中了胡雪岩的圈套。交粮日期迫近，另找米行已来不及，倘若误了期限，粮道大人是胡雪岩的至交，岂能轻饶了我？潘家祥愈想愈怕，惊出一身冷汗。

到此时，潘家祥只好服输，以每石20两银子向胡雪岩买了两万石米。由此一算胡雪岩反败为胜，并且净赚了10万两银子。

回过头来我们看胡雪岩的强借逻辑：借裕和钱庄之需获得谭柏年的

罪证，借谭柏年的罪证整倒谭柏年并入主隆昌米行，同时获得隆昌与潘家祥所签契约的决策权，借此决策权及之前布下的圈套迫使潘家祥以高价买下自己的米。胡雪岩好像徒手在爬一座峭壁，每上一步都要为下一步准备一个借以发力的抓手。其施计的妙处不仅在于环环相扣，更在于对方明知是在借己之力而又不得不借。

借得王牌才能高枕无忧

> 做生意欲立不败之地，手里最好握有克敌制胜的王牌，如果没有，就要用各种手段努力借得，一旦借到手里，就要使劲抓住，千万别让它旁落。

商场上每走一步都要切实地清楚自己要什么，手里缺什么。特别是在你想达成某个战略性的目标时，更需要拥有一张可以为恃的王牌。

《三国演义》中讲了不少类似的典型故事，谋者从中见其谋，商者从中见其商。

先说说曹操挟天子以令诸侯的故事。

东汉末年，汉献帝遭董卓部将之乱，颠沛流离，历尽艰难困苦，辗转到了洛阳，宫室尽被烧毁，后有追兵，人心惶惶。在此背景下，有人建议请曹操出面辅佐王室。而曹操已有图谋，二者一拍即合。

《三国演义》中这样撰写这个事件：

太尉杨彪奏帝曰："今曹操在山东，兵强将盛，可宣入朝，以辅王室。"帝曰："朕前即降诏，卿何必再奏，今即差人前去便了。"彪领旨，即差使命赴山东　宣召曹操。

却说曹操在山东，闻知（皇帝）车驾已还洛阳，取谋士商议。荀彧进曰："昔晋文公纳周襄王，而诸侯服从；汉高祖为义帝发丧，而天下归心。今天子蒙尘，将军诚因此时首倡义兵，奉天子以从众望，不世之略也。若不早图，人将先我而为之矣。"曹操大喜。正要收拾起兵，忽报有天使赍诏宣召。即接诏，克日兴师。

（由于洛阳城部分坍塌，而贼兵又追踪而到，汉献帝带领各大臣只好起驾往山东进发。）

出了洛阳，行无一箭之地，但见尘头蔽日，金鼓喧天，无限人马来到。帝、后战栗不能言。忽见一骑飞来，乃前差往山东之使命也，至车前拜启曰："曹将军尽起山东之兵，应诏前来。闻李傕、郭汜（董卓部将）犯洛阳，先差夏侯惇为先锋，引上将十员，精兵五万，前来保驾。"

帝心方安。

少顷，夏侯惇为许褚、典韦等，至驾前面君，俱以军礼见。帝慰谕方毕，忽报正东又有一路军到。帝即命夏侯惇往探之，回奏曰："乃曹操步军也。"须臾，曹洪、李典、乐进来见驾。通名毕，洪奏曰："臣兄（指曹操）知贼兵至近，恐夏侯惇孤立难为，故又差臣等倍道而来协助。"帝曰："曹将军真社稷臣也。"遂命护驾前行。

次日，曹操引大队人马到来。安营毕，入城见帝，拜于殿阶之下。

帝赐平身，宜谕慰劳。操曰："臣向蒙国恩，刻思图报。今催、汜二贼，罪恶贯盈；臣有精兵二十余万，以顺讨逆，无不克捷。"帝乃加封曹操。（曹操大败李催、郭汜之后，向董昭）问以朝廷大事。昭曰："明公兴义兵以除暴乱，入朝辅佐天子，此五霸之功也。但诸将人殊意异，未必服从。今若留此，恐有不便。惟移驾幸许都为上策。然朝廷播越，新还京师，远近仰望，以冀一朝之安；今复徒驾，不厌众心乙夫行非常之事，乃有非常之功，愿将军决计之。"操执昭手而笑曰："此吾之本志也。"

操由是日与众谋士密议迁都之事。（若干天后，明告百官，奏明献帝，）帝不敢不从；群臣皆惧操势，亦莫敢有异议。遂择日起驾。操引军护行，百官皆从。

曹操挟天子以令诸侯，一个"挟"字，一个"令"字道尽了其中的奥妙。"挟"，在这里可以解读为强借天子名义；"令"可使之达到自己号召天下、师出有名的目的。曹操卓越的战略眼光告诉他，有了"汉天子"这张王牌，天下民心归附，大业可成。因此，他"克日兴师"，尽起山东之兵，次日即赶到皇帝身边。他相信"行非常之事，乃有非常之功"，迎得献帝后即刻迁都许昌，将朝廷安在自己的势力范围之内，牢牢地掌控在自己的手心里。自此以后，这张王牌使得得心应手，由此这一借，借出了曹魏政权近百年的稳定。

再一例子就是诸葛亮七擒孟获。

建兴三年，蜀国根基未稳，蛮王孟获率兵十万侵犯边境，对蜀构成极大威胁。"蛮"是我国古代对南方少数民族的蔑称，孟获是少数民族魁首。他在少数民族诸部中享有非常高的威望，并且有征战能力和倔强不屈的性格。面对这样的对手，诸葛亮采取了"攻心为上，攻城为下；

心战为上，兵战为下"的策略，以服其心。然而，"攻城易，攻心难"，尤其像孟获这样的人，欲服其心，谈何容易？诸葛亮曾先后七次擒得孟获，每擒一次都不伤害他，只问"汝心服否？"不服便放他归山。

在第七次擒孟获时，情况十分艰难，于是诸葛亮采取了以退为进，诱敌入瓮的战术。适时，孟获请乌戈国主兀突骨帮助。兀突骨的三万藤甲军十分威猛，士兵都穿着用加工过的藤做的铠甲，这种铠甲刀砍箭射均不透，为此，蜀军曾吃过一次败仗。诸葛亮亲临战场观察地理情况，发现有一形如长蛇叫盘蛇谷的地方，心生一计，令马岱、赵云分兵在谷口两头待命，派魏延引兵在距蛮兵较近的桃花渡口下寨。并吩咐魏延："如果蛮兵来战，你就放弃营寨，向有白旗的地方走。限你十五天内连输十五阵，弃七个营寨。如果输十四阵也不要来见我。"魏延不解地领命而去。

魏延按诸葛亮的布置，在十五天内败退十五阵，弃七个营寨。孟获以为蜀兵计穷，更无所顾忌地奋勇追杀。第十六天，魏延"败"兵再次和藤甲军对战时，魏延望白旗而走，兀突骨引兵追赶，一直追进盘蛇谷中。诸葛亮早已安排蜀兵，届时放过魏延，切断谷口，再放火烧敌。于是，山上两边乱丢火把，把早已安置好的火药铁炮引燃，谷中火光乱舞。藤甲兵身上的藤衣虽然不惧刀枪，不怕水，却怕火。可怜三万藤甲军"烧得互相拥抱，伸拳舒腿，都死于谷中，臭不可嗅"。蛮兵大败，诸葛亮再次生擒孟获。

当诸葛亮又问孟获"汝心服否"时，孟获垂泪曰："七擒七纵，自古未尝有也。吾虽化外之人，亦颇知礼义，直如此无羞耻乎？"当诸葛亮再次问他："公今服乎？"孟获哭着说："某子子孙孙皆感覆载生成之恩，安得不服！"诸葛亮见孟获已被降服，便请孟获上帐，设宴庆贺，并让作永远的洞主，并把所夺之地，全部退还给他，撤兵时不留一官一卒，让他们自己管理自己。孟获宗党及诸蛮兵都被诸葛亮的恩德感动。于是还为他立生祠，四时享祭。还送给西蜀珍珠金宝、丹漆药材、耕牛战马，以资军用，发誓再不谋反。果然，很长的一段时间里，西南边境安定无事，蜀国腾出时间去谋划、对付更大的敌人。

此处诸葛亮所借的，是孟获对蜀汉政权不再反叛的忠心，正是为这张王牌，孔明才不辞辛苦，一而再再而三地义释孟获，说到底，是强把孟获的叛心变成忠心。借得了这张王牌，蜀国便有了稳固的大后方，得以后顾无忧地屡屡出兵伐魏。

这两个例子中，一个借名，一个借心，借者势在必得而又无所不用其极，这才造就了不世之功。

欲得其利，先借其源

> 为商之道，既要有守，又须有攻。攻对方之根本，"借"其获利之源为己所用，可保胜券在握。

江南是中国蚕丝业发达的地区，在洋人入侵之前，一般都是手工染丝业，由当地一些小手工作坊加工。因此，与蚕丝业有关系的人家数以万计，一旦市场上出现什么风波，往往就会使无数人家破产，沦为难民，甚至背井离乡，流落四方。清政府对江南，尤其是江浙一带的蚕丝业起初是采取保护政策的，禁止大手垄断，哄抬价格，或贱价收购，所以江浙一带蚕丝业一直发展得很好。

然而，洋人的势力一侵入中国，形势一下子就发生了变化。西方机器工业的生产效率远远高于落后的手工作坊，而且质量也超出传统的手工技术。洋人先是大量收购生丝，然后再把生丝运回国内，这使得江浙一带的手工作坊因缺乏生产原料而不得不关门。在许多手工作坊纷纷倒闭之后，洋人就控制了蚕丝市场，他们肆意压低收购价格。而刚出的生丝如果没有特殊的保护措施，不出一个月便会由雪白变成土黄，从而分文不值，那些分散的蚕农看着刚出的雪白生丝，根本不敢久留。况且蚕丝业一直是江南一些地区的主产项目，维系着千家万户的命运，如果丝质变坏，洋人拒收，那么蚕农一年的工夫就化为泡影。所以，尽管洋人把价格压得特别低，蚕农也不敢在自己手里保存，只能心头滴着血把生丝送往那些洋人开设的收购点。

胡雪岩在浙江多年，特别是王有龄出任湖州知府后，对蚕丝业里面的名堂看得十分清楚。他一直想在蚕丝业中分一杯羹，只是苦于力量不够。

咸丰十年（公元1860年），太平军李秀成为解金陵之围，出奇兵攻克杭州，城破之日，浙江巡抚罗遵殿"殉节"。在达到诱敌分兵的目的之后，李秀成三动撤离，一举击溃清军江南大营。胡雪岩的至交王有龄则在何桂清的保奏下，顺理成章地升任了浙江巡抚。

有了浙江巡抚这个护身符，胡雪岩决定与洋人大干一场，但仅凭胡雪岩一人的资本，何以能够收购完浙江一省的生丝？办法无非还是借助官场靠山。胡雪岩让王有龄出面，由浙江巡抚牵头，成立蚕业总商会，商会成员都是浙江的大富翁、乡绅和告老还乡的官员等，这些有钱的人如果愿意出钱，则出钱；不愿出钱则提供担保。向谁担保呢？向那些蚕农。胡雪岩向那些前来卖生丝的蚕农们讲明："我们先垫付你一部分钱，另外一部分我出具欠条。这个欠条由蚕业总商会担保，而且加盖浙江巡抚的大印。这部分钱一般等到秋天就付给蚕农，而且还付给高过钱庄同期存款的利息。"

当然，胡雪岩说得再好听，蚕农对这种方法还是半信半疑，毕竟好听话不能顶银子花。

金黄银白，是自己亲眼所见，如果不是亲眼所见，谁知道它是什么颜色。于是胡雪岩又召开商会，对那些有钱的富翁们说："你们负有责任，与那些蚕农们当面解释，让他们确信他们完全可以从中得到好处。这是正常的商业交易，不是官府的敲诈。而且事成之后，每个股东都可获取丰厚的利润。"

商会那些有钱的主儿开始琢磨："自己只出信誉担保，以后即便有什么闪失，绝不会损失一分钱，而且还可以往官府头上推。如果自己现在不答应胡雪岩，明显是不给胡氏的背后靠山——浙江巡抚的面子。况且以后事成又可以获一大笔钱，此事何乐而不为？"

于是他们开始在各地大力宣扬：胡雪岩是诚实的商人，绝不会欺骗蚕农，而且有官府和商会的双重担保，更没有任何闪失。这些人都是富甲一方在当地很有声望的大户，他们的话有时甚至比官府还具有说服力。很快，蚕农便打消了心中的疑虑，纷纷把生丝交给胡雪岩。

胡雪岩这一"釜底抽薪"的招数确实够狠，断了货源的洋人一下子慌了神儿，西方许多国家，尤其是英国，他们的丝厂都依赖中国丝源，这样一来，让胡雪岩把丝源垄断起来，他们国内的许多丝厂"无米下锅"，纷纷告急，众多外国洋务商办于是都跑来找胡雪岩，要求把生丝卖给他们，哪怕价格高一点也无所谓。然而，此时胡雪岩的报价已不是高一点的问题，几乎要比以往的生丝收购价高出一倍，洋商一听各自摇头。

无奈的洋商转而进行密谋，通过他们的洋务代表进京贿赂京中一些高官，希望他们能制止浙江巡抚参与商业行为。然而胡雪岩对此早有预料，他在收购之初就说服浙江巡抚王有龄上了一道奏章，道："江南丝业，其利已为洋人剥夺殆尽，富可敌国之江南大户，于今所余无几……，民无利则国无利，则民心不稳，国基不牢。鉴此，本抚台痛下决心，力矫蚕桑弊病。兹有商贾胡雪岩者，忠心报国……"奏章把胡雪岩的行为大吹特吹了一番，同时对洋商给政府经济带来的损害也作出了准确的剖析，所以奏章一到京中，许多大臣都认为有理，纷纷上奏皇帝，希望其他省份也效仿浙江。因此，那些受纳外国洋务代表贿赂的大臣们见风头不对，谁也不敢贸然行事，加之指责浙江巡抚的证据也不够，洋商靠皇帝下令制止胡雪岩的企图明显无望。

洋人一计不成，又生一计。决定以其人之道还治其人之身。他们放出风声，说胡雪岩的生丝他们坚决不收，即使是压低价格卖给他们，而在其他省份的生丝他们则是大量收购，不但收购价颇高，而且当场兑现银两。

这种举动对胡雪岩无疑是致命一击。如果洋人真的从别的省份收购到足够的生丝，哪怕只够维持一个月的生产，对胡雪岩来说，都是不敢想象的。但胡雪岩毕竟具有过人的本事。

为了逼洋人就范，胡雪岩又去上海与当地很有名望的商界领袖陈正心寻求联手。因为上海是洋商们的聚集地，这里聚集着各种各样的商行，包括林林总总的丝行，而且所有运往国外的生丝几乎全都是从这里装上船的。

洋人们在中国的丝绸生意，是通过他们在中国的经纪人做的，洋人出资，雇用一些精明能干的中国商人，由他们出面把生丝收到上海，然后再给他们一笔佣金，与洋人的巨额利润相比，这些经纪人的佣金实在少得可怜，但他们自己没有足够的资金，因此不可能平等地与洋人讨价还价。

胡雪岩的想法是，通过陈正心联络这些洋人的经纪人，共同对付洋人。而那陈正心家财万贯，为人豪爽，素有"小宋江"之称，在上海极有影响。对于胡雪岩的提议，不仅慨然应允，还马上广发请帖，召集上海各丝行老板商议。

后胡雪岩又亲自出面，与这些老板们讲清其中的是非曲直："洋人的丝厂长期以来在中国进口生丝，进价便宜，而制成的布、绸却是昂贵无比，洋人越来越富，而国人越来越穷。其原因就在于我国民心不齐。在这些事关民族利益的生意上，从商之士，理应同心协力，同舟共济，而不应互相猜忌，彼此拆台。只要大家一条心，联合起来，把生丝压一段时间，洋人们的厂没米下锅，那么生丝的价肯定会大涨。"

没过几天，上海的丝行老板一致要求提价，他们对洋人说，胡雪岩已经答应出高价收购他们的生丝。

洋人这才明白事态的严重性。他们还想私下分化拉拢，对某些商行许诺以高价，然而却遭到拒绝。那些商行的老板告诉他们，如果他们私下把丝卖给洋商，不仅会受到同行的谴责，而且还会背上卖国的恶名，更会得罪上海的庄正心，他在上海可是个黑白两道都吃得开的人。

在这种情况下，洋商知道除了同胡雪岩当面谈判之外，其他方法都是行不通的。加之国内生产厂家的告急电报雪片般地飞来，使他们不得不给胡雪岩一个公平合理的价格。在与洋人的斗法中，胡雪岩借助官府的势力大获全胜

胡雪岩与洋人的这一战是一场争夺生丝的战役，洋人靠进口中国便宜的生丝制成布、绸后大获其利。胡雪岩要从虎口夺食，策略就是借其生财之源为己所用，经过一系列的利益转换和借力打力，终于强借成功。

险　绝

敢于冒险的经商鹰道

必须申明一点，冒险不是不讲条件地蛮干，那叫冒进。一个洞穴里有一块闪光的金子，你打算爬进去取出金子，如果这是个狼穴你是冒险，但如果这是个虎穴，那你就是冒进了。我们行走在田野山间，偶见雄鹰从头上展翅飞过。它是在寻找猎物，一旦发现并觉得有机可乘，会毫不犹豫地扑上去。商机也是如此，尽管没有十足的把握，该冒的险还是要冒的。秘诀是学会做一只从高处逡巡搜索的鹰，抓住一切机会并迅速行动。

第四章

做一只视觉敏锐的鹰

鹰的猎食之道首先在于它视觉的敏锐，它时刻保持高度的警觉，从一些蛛丝马迹中分辨出哪个方向可能有猎物。经商之道更应讲求拥有从各种复杂多变的信息中感知机会的能力。否则，机会这个大金罐"当啷"一声掉在你面前，你可能会当做一块挡路的石子一脚踢开。

一个怪想法可能就是个好机会

想法超前，机会才能超前。

经商有经商的规律，有成就的经商者既遵循这些规律，又往往超出规律之外。因为有的商机按照一般的商业眼光去看是看不出来的，这时候，能看到这一商机的人其想法在别人眼里显得怪怪的。等到时过境迁、商机尽显，那些想法显得不再怪的时候，机会早就在人家手里变成了钞票。

在世界保险界大名鼎鼎的克莱门提·史东，是美国最有名的大富豪之一，在20世纪六七十年代，他拥有个人资产达4亿美元之巨。他一生都从事推销，推销保险，推销自己的信念和致富的方法。

20岁时，史东独自来到芝加哥开创了属于自己的公司，他给公司起名为"联合保险代理公司"。其实，公司成员只有他一个人。

公司开业的第一天，就开张大吉，拉到了50多位客户来投保。

后来，史东又将业务范围扩展到伊利诺伊州。

随着公司经营范围的不断扩大，客户的日渐增多，史东开始感到不能再单打独斗了，他决定招兵买马。通过征聘的形式，他从众多的应聘者中选择了几名推销员。

在那些应聘信中，有本地的，也有外地的，比如有来自印第安纳州和威斯康星州的。虽然他没有录取这些人，但是他却从中受到了启发——他想，为什么不让这些踊跃应征者在当地为他所代理的保险公司拉生意呢？

他立刻将这一想法付诸实施，在那两个州雇用了一些为业务员，帮助公司开展业务。

此后，他由点到面，四面扩展，陆续在其他州也征聘推销人员。如此由北到南，从东到西，覆盖面愈来愈大。到20世纪20年代末期，他的保险推销人员已有上千人了。

再幸运的人，也不可能永远顺利。正当史东的保险代理公司蓬勃发展之际，却出现了全国性的经济不景气。许多工商企业纷纷倒闭，这对保险事业无疑是个沉重的打击。

这次波折，让史东发现了这样一个道理：在经济上升时期，做什么都容易，对手下的推销人员不必操过多的心；可一旦遇上困难时期，面临真正的考验，许多人就难以承受了，由此可见，提高推销人员的心理素质是非常重要的。

他决定向他们大力灌输自己的那一套积极的精神态度，并第一次在公司里开展推销训练运动。

到 30 年代末期，史东已经是年轻的百万富翁了。

这时，他开始要实现自己梦寐以求的计划了——成立独立的保险公司，自己当老板。

机会降临了，曾经兴旺一时的宾夕法尼亚伤亡保险公司因为受经济不景气的影响，生意萧条停业。拥有这家公司的巴的摩尔商业信用公司愿意以 160 万美元出售，正苦于找不到买主。

史东不愿放弃这个大好机会，但他手头一时抽不出这么多钱。他找到商业信用公司的老板，对他说："我想买下你的保险公司。"

对方说："行。你得拿出 160 万美元。"

"我暂时还没有这么多钱，但是我可以借。"

"向谁借？"

史东说："向您借。"

向对方借钱，买对方的东西，这听起来似乎有点滑稽。但史东却有他的道理：商业信用公司是向外提供贷款的，只要史东有较好的信誉，他没有理由不贷款给他。

终于，买卖成交了！

史东如他所愿买下的这家保险公司，在他日后的精心管理下，迅速发展壮大，业务遍及全美各州，并且延伸到国外。到 1970 年，公司的保险总额达到 2.13 亿美元，职工 5000 多人。

他们个个工作出色，待遇优厚，并且有 20 多人跨入百万富翁的行列——精兵强将，上下同心，史东的事业蒸蒸日上。

史东的经营思想和冒险精神使他获得了不菲的回报，使他拥有了巨额的财富。

在史东的成功之中是两个"怪"想法帮了他。一个是发展异地保险代理业务员，在今天，这样的商业发展手段再平常不过，但在当时，尤其对他那个小公司而言就是个创举。另一个是向买主借钱，即使在今天看来，能想到并真的做到这一点的商人并不多。正是在别人想也不敢想的怪主意，为史东带来了两次飞跃式的商机。

找准市场盲点

> 一个市场盲点就是一个金矿，你的镐头下去把盲点变成热点，自是财源滚滚。

为什么人们愿意一窝蜂似的拥向一个新开发的行业或一个新开放的市场？很简单，因为这样的地方市场盲点多，商机就多。市场盲点是指人们的市场消费需求已然存在，但因为是潜藏着的，并不那么明显，所以人们并没有注意到。越是发育成熟的市场环境市场盲点就越少。因此，在如今蓬勃发展着的中国经济中找到市场盲点无疑会给自己的经商之路找到一条捷径。

你是否还记得 20 世纪 90 年代初的电脑、电器市场价格混乱的情况：一条街上同一种电脑卖 80 种价格，差价有 20%。甭说电脑，就连冰箱这种家用电器也会出现这种情况，同款阿里斯顿冰箱的价差居然高达 370 元。

从经济学上讲，建立一个高效运行的市场，须有两个必要条件：第一个是没有垄断，再一个就是没有信息阻滞。

这是善于研究市场的郭凡生发现的机遇。

下海伊始的郭凡生决定靠打破这种信息阻滞来创造财富。郭凡生和朋友们凑了 14.8 万元注册慧聪公司后所做的事情就是：将中关村的电脑价格收集在一起，每周去印一本小册子集中披露，起到一个使价格公开的作用。

开始很多商家都拒绝刊登，那时候的商家做生意都比较"黑"——不愿公开价格。如果机遇可以等待的话，那么郭凡生大可以等商家先有了公开商品信息的意识后，再去做商情资讯这种东西。但郭凡生没有等待，而是先做起来再说。慧聪商情出了几期以后，中关村的大小老板们一面怒骂老郭的商情削薄了自己的利润，一面花钱找他刊登商情——不登就做不了买卖了，因为大家现在都拿着商情的报价去买东西。

很少有人想到，这本当时仅在北京家电市场发行数百本的油印小册子，在中国信息服务业中引发了一场深刻的革命。中关村商情成功推出以后，慧聪的业务模式推向了上海、南京、武汉、青岛、济南、昆明，很快便在中国30多个城市形成了这样一个IT、家电的市场平抑体系。这不但使慧聪完成了200多万元的原始积累，也使它拥有了独具特色的商情数据库和大量的稳定用户。

当30多个数据库合在一起的时候，就产生了另外一个赢利空间——利用企业花钱提供的商情信息进行市场分析、市场监测，更好地帮助企业策划和发布广告，推广市场。同时，在帮助客户做巡展推销时统一发放问卷，这又变成了一种市场调查。就这样，市场调查和广告代理反过来再支持慧聪的商情数据库。实际上就是把信息公司、市场研究公司、广告公司、展览公司有机地融为一体，让它成为一个互相衔接、互相支持的整体。这也就是慧聪的赢利模式。

就这样，慧聪模式的商情服务行业在中国迅速发展，从业人数已超过10万，成为中国资讯服务的主力新军，慧聪则成为行业当然的领航者。目前，在30多个城市里有自己的分支机构的慧聪资讯，每月发行200多种商情广告，覆盖IT、汽车、家电、化工、广电等20多个行业，平均每周发行50多种、20余万册。

2000年，慧聪国际资讯有限公司的"慧网"开通并于2001年更名为慧聪商务网，正式确定"网＋刊＋综合服务"的崭新商务模式，将自己的业务同互联网进行了完美的结合。

学会从机会之外发现机会

寻找机会其实是一门选择与放弃的学问。有的时候，放弃，让你收获更多。

对于显而易见的大机会，所有人都会一拥而上。但是再好的商机，凑热闹的人多了，获利的机会就少了。这个时候是坚持还是退缩？聪明的商人却在此之外找到了第三个答案，也是一个相当正确的答案。

在美国历史上曾经有过两次"淘金热"。一次是在加州（加利福尼亚）找金矿，一次是在德州（得克萨斯）找石油。在常人看来，寻找金矿，开采石油才是发财的唯一道路，其他之举都是不务正业。但是偏偏有"淘金者"能慧眼识商机，平凡出奇迹。

这位美国青年名叫亚默尔。他带着发财的梦想，随淘金的人群来到了加利福尼亚。面对人山人海正在挥汗如雨地寻找、开采金矿的淘金大军，他并没有马上成为他们中的一员，而是东走西看，南巡北察。亚默尔发现矿山气候燠热，水源奇缺，淘金者口渴难忍，常听到人们在抱怨说："要是有人给我一杯水喝，我宁愿给他一个金币。"

说到这里，就要说说热门的带动效应了。一类产品、产业的兴旺，它所能带动的其他产品生产或其他产业的兴旺是间接作用。比如住房消费热，它所能带动的其他产业有建筑、建材、五金、装饰、服务等，无一不从中获益。

亚默尔听在耳里记在心上。他不找金矿而去找水源，找到后，他把水用沙子进行过滤，做成纯净、甘甜的矿泉水，背到矿山去，卖给那些淘金者喝。

水，这个地球上最平凡的东西，在这里却以金币论价。但是，市场是奇妙的，高额收益，很快吸引了很多的人加入供水行列，供求关系迅速变化。当价格回归到水应有的价值上来时，亚默尔已牢牢地把握住了赚钱机会，带着赚来的许多钱回家乡做生意去了。

日本的吉田忠雄也是首先通过放弃而找到了另一个机会。

1908 年 9 月 19 日，吉田忠雄出生于日本鱼津市一个鸟贩子家庭。忠雄 20 岁那年，毅然离开家乡，怀揣哥哥给他的 70 日元盘缠，独自到东京闯天下，在同乡开的中国陶瓷店里做小工。不久，他升为陶器部主任，总管陶瓷买卖。

由于吉田忠雄拓展业务有功，老板颇为赏识，派他到上海采购陶瓷。30 年代的大上海，可以说是鱼龙混杂，泥沙俱下。吉田忠雄往返于上海、东京之间，虽然在华时间不长，买卖瓷器、食品、海鱼等的小本生意也不是很兴隆，但在上海的阅历使他趋于成熟，满脑子学来的"生意经"是他日后走向成功的基础。

随着日本发动侵略战争，国内经济陷入困境，日元大幅度贬值，吉田忠雄被迫由上海返回日本帮助老板拯救濒临破产的陶瓷店。但是，在日元狂跌、税赋日重的浪潮中，陶瓷店最终倒闭了。

老板眼见不可挽回，只好弃店而去。在店里的遗留货物中，有一大批别人托为代销的拉链。这些拉链因制作粗糙，品质低劣，长时间积压店中，不少已经生锈损坏。年仅 26 岁的吉田忠雄没有放过别人熟视无睹的这个机会——他认为拉链是日常生活用品，市场潜力很大，一定有发展前途。于是，他便请求债权人把店中的拉链存货借给他销售，日后他再筹款还债。

忠雄由此开始涉足拉链业。1934 年 1 月，他创办了专门销售拉链的三 S 公司。他自己是老板，员工只有两人，资金是几年来积攒下来的350 万日元，而负债却有 2070 万日元。

这时，拉链刚传到日本不久，在许多人的心目中，还是个新鲜的玩意。善于模仿的日本厂商也就开始研制生产，但生产方式十分落后，完全靠人工装配，一齿一齿地切合，拉柄、布带更是粗糙得很不经用，动不动就出故障。

吉田忠雄利用到大阪拉链厂订货的机会，去工厂了解拉链的制造过程，以找出日本拉链的缺点。回来后，他开始潜心研究改进的方法。他研制了一些修理小工具，将退货的拉链一条条拿来修理，记下心得，并用图表说明。员工们都亲切地称他为"拉链医生"——因为经他修理又卖出的拉链，很少有人再退回来。

这让忠雄的信心大增，他终于找到改进拉链生产的诀窍了！

吉田忠雄的拉链每年的销量都以 3 倍的速度上升，三 S 公司也开始生产拉链的部分零件了。公司人员由当初的 3 人增加到 100 多人，销售网络也日益壮大。1938 年，忠雄还清了全部债务，兴建了一座新工厂。三 S 公司也改名为吉田工业公司。

放弃一个眼盲的机会需要勇气，也需要智慧。亚默尔在淘金热潮中乘兴而来，当他发现传言中的机会在闻风而至的淘金大军面前已经算不上机会时，他即没有像大多数人一样接着参与这场胜算很小的赌博游戏，也没有扫兴地转身离去，而是在这机会之外找到了另一个机会——一个更大的商机。吉田忠雄的经历虽与亚默尔有差异，但在一般人看来，他所熟悉并已有所成就的陶瓷业无疑对他是最可能存在机会的，但他在一个不期而遇的机会面前，毅然选择了后者。亚默尔和吉思忠雄是睿智的商人，因为放弃有的时候比坚持需要一个更加聪明的大脑。

打造几样特色菜招徕机会

机会来源于市场，而特色能创造市场。

世界知名企业几乎无一例外地是靠精心打造起来的品牌来卖产品，他们超越平均水平的利润也是从品牌中获得。品牌是什么？就是特色，有了特色就有了市场，有了无限商机。

1996 年，张跃在新加坡搞展览。展览结束后，他想把撤展的一些东西扔掉。一个展览公司的普通员工走过来告诉他，扔东西在新加坡是违法的，因为会影响环境的美观。"当时我有一种震惊，这件事是从一个普通人的嘴里说出来的，给我的启发真的很大。"整整六年以后，回忆当年这段经历的时候，张跃仍然有种顿悟感。

1998 年，张跃提出："要下决心对'远大'的生活环境和全世界的环境进行全力关注。"首先，他对"远大"的产品着力进行改造，从燃油到燃气；

其次，打出分流电能高峰和解决天然气的低谷。他的努力也引起了社会的关注，每年的"环保论坛"也随之在远大总部启动，来自全国各地的专家学者、政府官员和客商云集长沙。

2002 年初，"远大"走出长沙，将论坛推到国内其他中心城市，其直接目的就是宣传远大燃气空调的环保功能，这样一来，远大集团的企业形象得到了淋漓尽致的展现。"环保牌"的确为远大集团增色不少，外经贸部副部长、中国加入 WTO 首席谈判代表龙永图也被远大"环保"感召来了。8 月 31 日，龙永图在"远大北京论坛"上演讲了 30 分钟。环保文化的宣传，也使远大集团在国际市场的地位陡增。自 1998 年张跃上任后，集团的国际市场由美国逐渐扩大到 19 个国家。

张跃领导的远大集团在企业活动、社会活动以及生活方式的所有方面，努力遵照罗马俱乐部的《增长的极限》的宗旨，充分贯彻联合国的《人类环境宣言》《关于可持续发展的声明》和《21 世纪议程》中所提倡的原则和精神。张跃领导远大集团在当前和未来都积极走在国际环保运动的前列。

张跃已经充分认识到当今地球环境存在的威胁：气候暖化、臭氧层破坏、酸雨、海水污染、物种退化及减少，他将竭力运用集团的技术、系统和产品来减轻这些威胁。张跃也清醒地看到了我们周围环境遭受的破坏：植物减少、空气污染、水质毒化、土壤劣化，他保证远大集团将永不参与这些破坏。张跃在持续提高企业及员工经济收益的同时，努力降低区域环境成本及地球环境成本。

张跃在持续改善企业及员工家居小环境的同时，坚持做到绝不损害周围大环境。张跃信奉人际公平及代际公平的价值观，宁可牺牲自己某些利益也不损害他人利益，宁愿约束当代人的某些要求也不损害后代人的健康和幸福。

张跃视破坏环境为犯罪行为，反对低效率使用能源，禁止材料浪费，尽量循环或多次使用资源，尽量延长产品寿命，并积极使用无公害材料。

总之，张跃把远大空调的各个角落都打上"环保"的印记，一方面引起社会的广泛关注，一方面在消费者中树立起良好的品牌形象。正是"环保"这盘特色菜，让远大在激烈的市场竞争中始终把握商机的主动权。

善待厄运，因为它可能是个机会

> 厄运能把人击倒，当把它看成一个机会时，它又能使倒下的人站起来。

人的一生中不如意的事总要碰到，谁也不可能凡事顺风顺水，做生意更是这样。当厄运来临的，有的人倒下了，有的人选择逃避，还有的人把它看成一个难得的机会。于是，一个商业神话就这样诞生了。

IBM 公司的创办人老托马斯·沃森出身贫寒，早年曾挨家串户推销缝纫机，屡遭磨难与挫折，但最终创下了大业。儿子小托马斯·沃森继承父业，抓住机遇，率先将企业投身于新兴的计算机行业，使 IBM 有了突飞猛进的发展，跻身于世界最大企业之林。

1874 年，老托马斯·沃森出生于美国纽约州北部一个普通农民家庭。17 岁时，沃森便赶着马车替老板到农户家推销缝纫机、风琴和钢琴。他不辞辛苦地奔波在崎岖的乡间小路上，一家一家地上门兜售。开始，他对老板付给他每周 12 美元的工资还挺满意。后来，他偶然得知，推销员通常拿的是佣金，而不是工资，如果按佣金计算，他每周应得 65 美元。

次日，他就向老板提出了辞职，然后乘上火车，到大城市布法罗，希望能找到按佣金付酬的销售工作。

当时正赶上经济萧条，城里工作也不好找。两个月过去了，他又进了一家公司，当上了推销缝纫机的推销员。后来，他又推销股票。好不容易积攒一笔钱，开了一家肉铺。可人心难测，他的合伙人在一个早上把他的全部资金席卷一空，逃之夭夭了。

肉铺倒闭，沃森也破产了，他只好重返老本行搞推销，在国民收银机公司当一名推销员。由此，沃森踏出了他时来运转、迈向成功的关键一步。

国民收银机公司的总裁约翰·亨利·帕特森是一个卓越的企业家，也是现代销售术的鼻祖。沃森在他手下干了 18 年，他的经营之道和推销艺术对沃森产生了不可磨灭的影响。在收银机公司，沃森如鱼得水，大显身手。仅用三年时间，沃森就成了公司的明星推销员，其佣金破纪录地达到一星期 1225 美元。

1899 年，沃森被提升为分公司经理。到 1910 年，他已经成为公司中的第二号人物，地位仅次于帕特森。但是，在这之后，厄运又一次向他袭来。

帕特森性格专横，总是解雇虽有功绩但可能会对他造成威胁的下属。1913 年夏天，帕特森听信谗言，认为沃森拉帮结伙、扶植亲信，便决定辞退他。沃森努力为自己申辩，但毫无结果，无奈于次年 4 月愤而辞职。

他在走出公司办公大厦时，大声地对一位好友说："这里的全部大楼都是我协助筹建的。现在我要去另外创一个企业，一定要比帕特森的还要大！"

可是，该怎样重新创业呢？虽然帕特森给了他一笔 5 万美元的分手费，但沃森失去了工作，丢了饭碗，年龄也快 40 岁了。他带着新婚不久的妻子和一个嗷嗷待哺的儿子，去纽约寻找机会。

两个月后，沃森遇上了 IBM 前身的奠基者弗林特——号称"信托大王"的弗林特，是当时华尔街最红火的金融家，他早就听说了沃森的才干，马上聘任他为计算制表记录公司的经理。这家弗林特属下的公司，主要生产磅秤、天平、制表机计和时钟等，由于经营不善，濒临倒闭的边缘。

沃森上任伊始，就借贷 5 万美元，作为开发研究新产品的经费，使制表机得到极大改进，很快在市场上成了畅销货。沃森运用从帕特森那儿学到的一套方法，在 1915 年夏末发起了大规模的推销运动，使公司销售额从 1914 年的 420 万美元，增至 1917 年的 830 万美元，几乎翻了一番。

西安海星公司的发展过程中也曾受到过不同程度的打击。至今，其老板荣海仍为自己在那次令他最为难忘的一次重创后能挺过来而庆幸。而他也正是在那次厄运之后迎来了自己商业生涯的最大一次转机。

第五章

充分估量冒险的代价

无利不起三分早，但起得早未必就能得到更多的利。凡是大利，都要冒更大的风险，正如鹰要捕获一只野狗一定比捕获一只野兔危险得多。看那些经商的顶尖高手，哪个不是从大风大浪中一路闯过来的？问题的关键是，要正确地判断哪些风险值得冒——冒一次进一步；哪些风险是绝对不能冒的——金块之旁，老虎安卧，一次冒险可能就是灭顶之灾。

确保掌握的信息是真实的

机会能带来财富，也能带来灭顶之灾。有的时候冒险成功与否，仅仅在于信息的准确性。

机会往往与信息相伴而来。精明的商人总能在第一时间从一个普通的信息中嗅到商机的气味；与此同时，机会又与风险如影相随，成功的商人总能正确估量风险的代价，做出最佳的决策。在很多种情况下，在大多数人眼里会冒很大风险的一个商机，在一个商人面前却是包赚无赔的，他所做的只是确保所掌握的信息的真实性就行了。

1875 年初春的一天上午，美国亚默尔肉类加工公司的老板菲力普·亚默尔像往常一样，拿起一叠报纸仔细地翻看着。突然，一则很短的消息映入他的眼帘，这条消息大意是：墨西哥最近发现了疑是瘟疫的病例。这则消息夹杂在五花八门的新闻中间，很不起眼，注意的人并不多。但亚默尔却像发现了什么新大陆一样，兴奋地跳了起来。他马上联想到，如果墨西哥真的发生了瘟疫，一定会从加州或德州边境传染到美国来，这两个州的畜牧业是国内肉类供应基地，一旦发生瘟疫，肉类的供应肯定会成问题，肉价也一定会猛涨。

在一般情况下，医生对瘟疫病是不敢乱下结论的，即使确定了，也不肯马上宣布，总要反复调查，因此，亚默尔便决定派自己的医生去墨西哥实地调查，以证实报纸上的消息，然后好采取行动。

几天后，亚默尔的医生从墨西哥发回电报，证实那里确有瘟疫，而且很厉害，已经控制不住了。接到电报后，亚默尔立即集中全部资金购买加州和德州的肉牛和生猪，并及时赶运出美国西部的几个州，之后美国政府下令，开始严禁吃的东西从这几个州外运，牧畜也包括在内。于是美国国内肉类奇缺，价格暴涨，亚默尔及时把他所囤积的肉牛和生猪高价抛出，短短几个月，就净赚了 900 万美元，一笔生意就净得收入900 万美元，这在全美国也是不小的一个奇迹。

时机＝机会＋对时间的把握

> 商家讲究瞅准时机赚大钱，时机也就是对机会和时间的掌握的火候，掌握不好就要冒险，造成火候或大或小，白花花的大米煮成夹生饭或烧成一锅糊饭。

商机往往靠冒险获得。机会来了你不敢冒险就会与之擦肩而过。但也不能做无谓的冒险，还要把握好出击的时间。

"金利来"领带是一个叫得响的好牌子，但有了响亮而吉利的好牌子之后，还需要宣传，否则，产品再好，别人也还是不知道，知名度仍然上不去。开始，曾宪梓没有多大把握花大本钱去做广告，担心做了广告收不回费用，赔了本不划算。

然而一个偶然的机会，曾宪梓把"金利来"推到电视广告上去了。事后他回忆说：我得感谢我的一个朋友，当时他在香港无线电视台工作。1971 年，恰逢取得世界冠军的中国乒乓球队访问香港。这个朋友极力邀我购买电视台转播乒乓球表演赛的赞助权，在比赛中穿插播放金利来领带广告。我听了连忙推辞，因为广告费要 3 万港元，我这个天天为 6 口之家奔忙的人，如何拿得出这笔费用呢？这个朋友答应做完广告后再收钱，并以分期付款的方式缴齐。

虽然我仍在担心播完后缴不出钱，但是又想，不冒险又怎能做成生意呢？我不妨这一次就赌一把，况且，这是要为我的名牌产品"金利来"

做宣传呀！于是就下了孤注一掷的决心。表演赛结束后，"金利来领带，男人的世界"广告词家喻户晓，订单雪片般飞来，家里的电话也响个不停，这个金利来出名了！由于订单太多，我急着买机器，请工人，买厂房，忙得不可开交。我不但结清了广告费，还购买了厂房、住房、汽车、工厂……我终于尝到了作广告宣传的甜头。随后，我又在香港小姐选美、尼克松访华等节目中做电视广告。从此，"金利来"名字响彻大江南北，家庭作坊变成了领带工厂。1971 年，金利来远东有限公司成立。电视广告给金利来插上了成功的翅膀。

机会稍纵即逝，在"金利来"急需创牌打开局面的时候，一个电视广告赞助的机会摆在面前。买下来？自然要冒险，对于一个有 6 口之家，尚处创业的阶段的曾宪梓来说还是个不小的风险。最后的事实证明，曾氏在此时的孤注一掷的投入，稳稳地把这个黄金机会揽入怀中。

市场是永远处于变化之中的，一时的机遇并不能改变一生——变化的市场完全有可能将你的第一桶金打翻在地。这时，就需要你有冷静的头脑，做到进退有据，才能将一时的机遇转化为富可敌国的财富。

让可能的机会大于冒险的代价

> 并非所有的时候都会胜券在握，即使可能会付出代价，也要抓住可能的机会。

1963 年初，特德的父亲埃德决定把特纳广告公司的亚特兰大部分以 100 万美元出售给好友内格斯，并且分文不赚。在随后的 3 月 5 日，埃德难以忍受病痛，在家里开枪自杀。特德一直渴望能得到父亲的认可，但这却永远也不可能实现了。

特德继承了特纳广告公司的另一部分，他要坚定地按自己的路走下去。特德难过、伤心但意志坚决地告诉父亲的生前好友、公司财务主管梅佐，他要中止和内格斯的买卖，由自己来经营，如有必要，他甚至不惜控告内格斯。

在退还了内格斯 5 万美元的定金后，特德亲自去向内格斯摊牌。即使内格斯把价格加到了 140 万元，特德仍然当场一口回绝，他甚至威胁说，如果不撤销买卖，他会放火烧掉亚特兰大的广告牌。这种“焦土策略”让内格斯无计可施，特德的冒险终于如愿以偿。

费尽曲折，特德摸遍了广告公司的所有层面，很快便发现广告公司只有做大才能更有效益。特德悟出这条规则后，随即着手扩大他的“帝国版图”。

一次，一个来自北卡罗来纳的同行，决定打入查尔斯顿的市场，以为特德无力兼顾。可是特德将此视为对他个人的侮辱，于是派了一队人马去北卡租下了那家公司所在地的一切可租的广告牌。很快那家可怜的公司在自己的老家失去了立足之地，不出几周便撤出查尔斯顿，此外还付了特德一笔权利金才拿回了老地盘。

当然，特德绝不玩不够公平的游戏。有一次特德参加投标，希望买下一家广告牌公司。某位人士愿意向他泄露底牌，特德却勃然大怒。他肯冒险，但绝不拿名誉下注。

20 世纪 60 年代末期，特纳广告公司获得巨大盈利。特德并没有就此满足，他看出产外广告业已经发展到一定程度，开始寻觅下一阶段的挑战。

特德对新事业永远充满兴趣，打算建立他的广播集团。他的一位主管说："我们买下了全国最烂的电台，而且付出的价码也过高。"

但特德心里有不同的想法：首先尽快改变节目的编排，播出劲歌金曲，并起用几位年轻主持人，最后便是他的压轴法宝——与其花钱维修那些因广告商转手而闲置下来的广告牌，还不如用来促销他的电台。

接下来两年，特德分别在查塔努加买下第二家电台，在查尔斯顿也购入两家，再加上位于佛罗里达州查克逊维尔的一家。借助特德广告牌之助，原本表现不佳的每一家电台都在短期内大获其利。特德进军广播业虽然成功，但他却没有局限在这一领域，他又开始寻找新的目标。

1968 年 10 月，当赖斯传播公司属下的一家名叫 WJRJ 的超高频电视台因巨额亏损不得不停播之时，特德毅然决定买下它。这个决断首先遭到梅佐的坚决反对，考克思、路迪和其他绝大多数特纳传播公司董事会成员也都支持梅佐，不愿特德孤注一掷。

特德根本听不进去，梅佐反对愈烈，他愈深信应该下注。他看出，电视会比其他媒体发展得更快，而开始抢户外广告牌广告生意的日子也即将来临。一张电视台执照，在短短几年内很可能变得十分值钱。此外，广告牌生意源源不绝的收入也可助他重振这家电视台。

很快，特德想办法以不付现款的方式买下了超高频电视台，同时达到让特纳传播公司的股票上市的目标。不久，他又力排众议，用自己的名义在北卡罗来纳买下了另一家即将倒闭的超高频电视台。为了完成交易，他除了向银行贷款 25 万美元，还以本身拥有的特纳传播股票作为担保，并承担下将近 300 万美元的欠债。

就是这两次冒险和独断，使特德相继失去了父亲老友兼亲信的军师梅佐和行政主管路迪。这还不算，到了 1970 年底，一向都很赚钱的特纳传播公司，已出现超过 70 万美元的税后净亏损。

但是特德的冒险行为并没有就此止步。他一边收购他想要的媒体，一边挖空心思打造它们。随着一个个的冒险成功接踵而至，至上个世纪九十年代，特纳广播公司已成为年创利数亿美元的国际著名传播集团。

美国实业界巨子华诺密克参加了在芝加哥举行的美国商品展览会，不幸的是，他被分配到一个极偏僻的角落，地球人都知道，这个地方是很少游客来往的。因此，替他设计摊位布置的装饰工程师萨孟逊劝他索性放弃了这个摊位，等待明年再来参加。

华诺密克说："萨孟逊先生，你认为机会是它来找你，还是由你自己去创造呢？"萨孟逊先生回答："当然是由自己去创造的，任何机会也绝不会从天而降！"华诺密克愉快地说："现在，摆在我们面前的难题，就是促使我们创造机会的动力。萨孟逊先生，多谢你这样关怀我。但我希望你将关怀我的热情用到设计工作上去，为我设计一个美观而富于东方色彩的摊位！"

萨孟逊先生果然不负所托，为他设计了一个古阿拉伯宫殿式的摊位，那摊位前面的大路，变成一个人工做成的大沙漠，使人们走到这摊位前面，就仿佛置身阿拉伯一样。

华诺密克对这个设计很满意。他吩咐总务主任让最近雇用的那 254

个男女职员，全部穿上阿拉伯国家的服饰，特别是那些女职员，都要用黑纱把面孔下截遮盖着，只露出两只眼睛。并且特地派人去阿拉伯买了6只双峰骆驼来作运输货物之用。他还派人去做了一大批气球，准备在展览会上使用。但这是一项秘密任务，在展览会开幕之前不许任何人宣扬出去！

对于华诺密克先生那个阿拉伯式的摊位设计，已引起参加展览会的商人们的兴趣，不少报纸和电台的记者都争先报道这个新厅的摊位设计。这些免费的"广告式"报道，引起大多数市民的注意。

等到开幕那天，人们早已怀着好奇心准备参观华诺密克那个阿拉伯式的摊位了。突然，展览会内飞起了无数彩色缤纷的气球。这些气球都是经过特殊设计的，在升空不久，便自动爆破，变成一片片胶片散下来。有些人拾到这些胶片，就看到上面印着一行很美观的小字，上面写着："当你们拾到这小小的胶片时，亲爱的女士和先生，就是你们的好运气开始了，我们衷心祝贺你，请你们拿着这胶片到华诺密克的阿拉伯式摊位去，换取一件阿拉伯式的纪念品。谢谢你！"

受这消息的刺激，人们纷纷挤到华诺密克的摊位去，反而忘却了那些开设在大路旁边的摊位。

第二天，芝加哥城里又升起了不少华诺密克的气球，引起很多市民的注意。45天后，展览会结束了。华诺密克先生做成了2000多种买卖，其中有500多宗是超过100万美元的大买卖。而他的摊位，也是全展览会中游客最多的摊位！

特德的事业终生成功也好，毕诺密克一次商业行为的成功也好，可以说都是冒险之后的收获。他们很清楚，自己商业冒险行为是要付出代价的，而且在冒险之时并不敢说有多大的把握能够创造奇迹。但是一旦他们认定可能的机会大于冒险的代价时，他们宁愿以冒险换取机会。

有的冒险对有的人别无选择

> 如果你把珍珠看作粪土，那它对你而言就是粪土。粪土或者珍珠？对于你不是选择，而是必然。

刘永好幼年时家里甚为贫困，从小饱受磨难，这一切不但没有磨灭他的意志，反而使他有了一颗不满足于现状，顽强向上的进取之心。即使后来大学毕业分配到了一所中专学校，他的心依然躁动不已。

1982 年，刘永好终于找准了机会，他说动了毕业于不同大学不同专业的 3 个哥哥，与他一道辞去让人羡慕的公职，放弃舒适的都市生活，结伴来到偏僻的四川省新津县古家村乡下，开始实施他酝酿多时的致富计划。

由于没有资金，银行又不肯贷款给他们，他们只好卖掉仅有的值钱财产：4 部自行车及 4 只手表，凑足 1000 元人民币作为原始的资本。小小的资本决定了他们只有从小本经营起步，首先种了一季良种番茄，其产量高出其他农民 5 倍；后又饲养良种鸡，孵抱良种鸡雏；后来又不断扩大规模，自制了一套可繁育 2 万只种鸡的设备……一分汗水，一分收获。不知不觉间，他们在两年之内赚下了 10 万余元。

果断和远见卓识使他们的财富积累成几何级数不断增长。就在刘永好及其兄长们的鹌鹑养殖日渐红火，同时也带动了群众养鹌鹑时，刘永好的头脑冷静了：在一个消费人口固定的地域，某一项目只有一家企业经营时，它拥有整个市场，当有 10 家企业来与它瓜分市场时，它将无法保持原有的利润额。这时，谁创立新项目，谁就拥有最新的市场。可是，全新的项目在哪里呢？

1987 年夏天，刘永好到广州出差，惊奇地发现市场上排着长队买饲料的现象。他好奇地挤到前面，抓起一把饲料闻了又闻，这种国外饲料与中国传统饲料有很大的差别，不仅没有臭味，相反还有一股香味。于是他向商家索要了相关的说明书，同时又与客户交谈了饲料喂家畜的效果。

通过交谈，他深受启发：随着养殖户的逐渐增多，对饲料的需求也就越来越大。回川后他将自己的想法向几位兄长讲了，没想到他的这一想法引起了兄长们的高度重视，他们在经过一系列的市场调查之后，再次达成共识。在 1988 年，刘永好兄弟 4 人作出了一个惊人之举：全部杀掉曾给他们创造了巨额财富的 15 万只鹌鹑。

这无异于一个重磅炸弹在当地乃至全省全国炸响：刘永好他们是不是疯了？ 15 万只鹌鹑每月可以为他们净赚 20 多万元啊！

这件事也同样惊动了县、市领导，领导们也劝他们谨慎从事。但是刘永好及其兄长们好似吃了秤砣铁了心，对人们的议论和劝阻毫不动摇，义无反顾地将鹌鹑杀了个精光。同时着手实施自己的计划：投资200万元兴建了西南最大的饲料研究所——希望饲料研究所。投资400万元聘人才、买设备，进行饲料研究。

就在刘永好兄弟孤注一掷地将资金投入到饲料研究攻关的时候，人们投来了怀疑的目光。但是刘氏兄弟不服这口气，而且在他们心中只有成功没有失败。一方面他们聘请了30多位动物饲养专家着手攻关，另一方面，他们也与国外的几个科研机构保持着紧密的联系，请国外专家学者来新津讲学，同时也派科技人员到美国、德国等地考察学习。

经过两年时间、数百次实验，希望饲料研究所终于成功研制出"希望牌"一号奶猪饲料。有了这一高新科技成果，刘永好又投资300万元修建厂房，将该成果投入生产。

该饲料产品投放市场后一炮打响，由于价廉质优，希望饲料在中国西南地区与正大饲料平分秋色。第二年销量就名列四川省第一位，打破了洋饲料垄断四川饲料市场的传统格局（四川是中国生猪生产第一大省），从此财源滚滚，1000万很快又变成了1亿。

在20个世纪80年代，铁饭碗在多少人眼中是梦寐以求而又不可得的？15万只鹌鹑带来的每月20万元的利润又是多少人在争取实现的目标？所以在这些人眼里，放弃现实所有去争取可能的东西即是冒险。但这种冒险对刘永好而言别无选择，因为他们的眼光早已落在前面。

引领时代潮流的冒险家是商场上的最大赢家

> 生意场上随大流能赚钱，但只有敢于冒险的拓荒者才能赚大钱。

50 年代的巴黎仅有 23 家服装企业算得上是"高级时装"的生产商，其服务的对象在全世界也不到 3000 人。于是，一方面，服装公司受市场局限，出路越来越窄，而另一方面，普通大众却对着高雅美观的服饰可望而不可求。以浪漫著称的法国人似乎都已不知如何解决这传统与现实之间进退维谷的矛盾。

独具慧眼的皮尔·卡丹敏锐地洞悉了这一趋势，乘着战后妇女大量工作，社会消费迅速增加的时机，他勇敢地提出了"成衣大众化"的口号，果断地把设计重点放在了一般消费者的身上，推出一系列风格高雅、质料价格适度的成衣。20 世纪最伟大的时装革命从此拉开了序幕。然而这一创举却激怒了那些守旧的同行们，于是，一时之间骂声四起，什么"离经叛道，有伤风化"，什么"出身低下，无钱着衣"等等。对此，皮尔·卡丹的回答坚定而有力："我虽然是一个高级服装设计师，但是我有一种发自内心的热情促使自己把设计优良的服装大众化，让更多的人可以买得起，穿得上，使风格高雅的成衣面对消费者。

我为什么只服务于公主、影星，还有那些贵妇人，而不能为老百姓服务呢？我的愿望很单纯，为更多的人设计更多的服装，又错在哪里呢？"

巴黎的时装辛迪加无言以对，却作出了一个无言的决定：开除会员皮尔·卡丹，扑灭"成衣大众化"的革命。

皮尔·卡丹被逐出巴黎时装女服辛迪加后，依旧执着地沿着"成衣大众化"的方向前进，并进行了另一个革命性的创作：打破服装业女装设计的传统，大胆开辟男装设计的阵地，让激情与岁月燃烧。无人敢为我偏为，在唯有"女性的月光"挥洒的巴黎时装界，卡丹终于掀起了男性时装的风潮，将烈日的光辉洒向古老的巴黎。

创新似乎总要招来非议，法国时装界的保守人士开始了他们的第二轮攻击，说他破坏了夏娃独有的风骚，打破了阴阳相济的格局，令服装根本失了本身的价值。他们的理由也的确非常的幽默，以至于我们在今天看起来也不由一笑。在他们的眼中，服装的价值其实完全在于女性的风韵，让女性把自己装点漂亮可以满足男人的观感。而这种男权至上的观点，正因阴阳格局的相济和传统而美化。当荒谬成为真理的时候，这又是何等的悲哀！卡丹坚持着自己的路，不再理会那些无关大局的风言风语。

但不久后的重创差点将卡丹的事业毁于一旦。1959 年，他异想天开地举办了一次时装借贷展销，虽然现在全球的时装借贷商店数以万计，而在当时的法国时装界，对一名设计师来说，这不仅意味着绝大的风险，更被看作是一种艺术灵魂的变卖和兜售。超出时代的设想在这个传统守旧的时代自然会遭受到重创。这一次卡丹蒙受了名誉和经济的双重损失，法国时装行会甚至认为他有损行会的形象并违反了传统的规范，因此将他一脚踢出。

黎明前的黑暗并没有令卡丹屈服，他牢牢把握自己设计的航线坚定不移地前行，曙光终于出现了。

1961 年，皮尔·卡丹首次设计并批量生产了流行时装。

那些设计新颖、大胆别致的时装，给法国时装界注入了新的活力。这一次，卡丹终于站在了"时装大众化"的浪头，向世界宣告一个冒险者巨大的成功。

一家报纸在头版用这样的文字描述卡丹的崛起："自 50 年代以来，卡丹形成了色彩明快、线条纯净，具有强烈时代感、青春感、雕塑感的艺术风格。他把法国时装从刻意华贵、珠光宝气的沉重束缚中解脱出来，为迈向以后工业现代化的法国，披上了轻捷的新装。而卡丹热爱生命的精神世界，也在这些服装的色彩和线条中得到最完美的体现。"

卡丹在一次记者会上这么告诉世人："我已被骂惯了，我的每一次创新，都被人们抨击得体无完肤。但是，骂我的人，接着，就做我所做的东西。"这一次，他又要从哪里继续他的冒险呢？

1981 年，闻名世界的服装大师做出了另一惊人之举，各大报纸的视角又集中到新的一期卡丹传奇上。他以 150 万美元的价格买下了位于巴黎协和广场附近、皇家路上的马克西姆餐厅。当时的马克西姆已是经营惨淡、举步维艰，不仅濒临破产，而且前景十分的暗淡。对手们终于以为卡丹也有了眼光失神的时候，不少人已经扬扬得意地预言将有一个悲惨结局的诞生。卡丹的决心不可动摇，他请来专家将餐厅装饰一新，恢复了 19 世纪田园史诗般的风格，以希腊神话中女神的形象设计四周的幕墙，一种优雅、安静、舒适的情调在餐厅中荡漾开来。精雕木饰线条自然流畅，古色古香之中却也浮现当代的韵味。不仅环境上了档次，服务也有了新的面貌。他特聘名师精心制作食品，提高招待人员的素质，提高饭店的服务质量，这样一来，"旧貌换新颜"的饭店很快便成为巴黎大名鼎鼎的餐厅。而几年的苦心经营之后，马克西姆餐厅的名气有如汉堡包那样风靡世界，其影响远远超出了巴黎，甚至法国，从而成为卡丹手中的另一张王牌。马克西姆这个名称也成了巴黎餐饮业的金字招牌。

"成衣大众化"的思想被卡丹运用在他新兴的餐饮产业中，创造性的被贯彻下去，而高档瑰丽的马克西姆就成了这次冒险行动的第一件试验品。卡丹认为，如果像马克西姆这样的高档餐室只继续做少数人的生意，而不在民众中寻找市场的话，能够生存下去的机会就很少。但如果反其道而行之，改变这种作风，走大众化的道路，业务则会越做越宽，必然大有前途，马克西姆这样的金字招牌才会焕发出新的生机与活力。于是，他首先就将巴黎的马克西姆餐厅，从只对少数人开放的高级餐室，变为大众化、平民化的人人都乐意光顾的快餐店。这种整型改变的冒险风格在不久的将来又一次被证明是聪明而富有远见的选择。

大规模的经济衰退很快在法国上演。失业人数每一天的指标都在创新，社会消费水平的下降和人均购买力的降低使那些坚持俱乐部式的高级餐厅业主们，不可避免地陷入了困境。每天只能在晚餐时间勉强经营，而早餐和午餐却生意清淡，门庭冷落。幸运的马克西姆则因"大众化"的选择保证了就餐人数，依旧生意兴隆，并且反而在危机中逐步壮大，将餐厅开出了法国，迎来了全球经营、遍及世界各大城市的意想不到的成功。

从服装到餐饮，卡丹在他不熟悉的领域开始了新的征程，"无人敢为我偏为"再一次成就了卡丹新的梦想。然而，这梦还不仅仅于此，所以，冒险的精神以另一种方式悄然继续。经典的饭店理论往往都强调"特色就是文化，风格就是生命"，而卡丹这一次的逆其道而行之却让我们明白另一个道理：冒险家的字典里，绝没有规则这样的字眼。

当短视的人们仍迷失在规则的混沌中时，你跳了出来，利用规则，而不被规则所束缚，毫无疑问，你将是不争的胜利者。

时装业和饮食业的成功，卡丹帝国的两大商业支柱从此树立了起来，皮尔·卡丹终于实现了自己的诺言："执法兰西文明的两大牛角（时装、烹调），面向全世界！"

改革开放伊始的 1978 年，卡丹来到了中国，并于次年在这个古老的土地上举办了第一个具有现代意义的时装展示会。

1983 年，他把"美立姆"商标带到了中国，闻名民间的马克西姆在神秘的东方建立起新的支点。

那个时代的记者有了新的疑问："您在北京开设'马克西姆'和'美立姆'之前，是否进行过详尽的市场分析和市场前景预测呢？"卡丹的回答直截了当，"我对统计不感兴趣。我是冒险家，我制造报纸的第一版新闻已经 40 年了，事实证明我成功了。我的目光落在了全世界最大的市场——中国。这是一个正在发生变革的国家……"

1979 年的时装展示会，他用巴黎的模特给中国的观众带来了世界时装艺术最新的色彩和风格。

而 1981 年的第二届时装展示会，中国的模特已走上 T 型台，崭新的文化交流令这个古老的民族散发了新的活力。

皮尔·卡丹还在中国开设了模特学校，培养了中国的国际名模。世界时装业从此和中国市场有了密切的联系，来往之间互通有无，卡丹时装在中国市场也生意兴隆，深受各界人士的喜爱。

把机会跟现实链接起来

> 动用起你全身所有的冒险细胞吧，因为它是机会与现实之间唯一的一根链条。

富有冒险精神是一个商人的必备素质。一个成功的商人就像一匹猎食中的虎，即使在睡梦中看到冒险的机会，也立即精神抖擞地投入战斗。鹰的猎食之道证实了一条颠扑不灭的商道真理：冒险是冒险者成功的通行证，保险是保险者失败的墓志铭。

史乐恩·梅考克发明农机具取得了重大突破，并且研制出了世界上第一台收割机。这台机器的诞生是农业生产史上的一次重大突破，具有划时代的意义。梅考克很为自己的这一杰作得意。他认为，人们将会对这种收割机趋之若鹜。但是，现实却恰恰相反，收割机的推出没有引起轰动效应，销量寥寥可数。许多习惯旧生产方式的农民认为用镰刀凭力气干活，足可温饱，何必用机器，而且机器的价格也很贵，对于一个只求温饱的农民来说，要买一台收割机简直是难于上青天。

为了打开销路，梅考克采取了许多措施，诸如增设销售网点，加派推销人员，增加投资等，结果还是无人问津。

梅考克几年的发奋努力，不但没有打开销售市场，反而把本钱赔个精光。思想狭隘、目光短浅的农民，对新生产力的抵制，使梅考克实现农业机械化的理想成了泡影，也使他的发财梦破灭了。

为了让农民购买他的收割机，以挽救他的公司，史乐恩·梅考克发动全公司的员工出主意、想办法，但仍没有一个周全完美的计划。梅考克为此万分焦急，夜不能寐，总是想不出一个好的推销办法。他之所以不考虑转产或破产，是因为他认为，收割机虽然暂时不受欢迎，但它的发展前途将是远大的，只要能找到好的销售办法，一切问题都会迎刃而解。梅考克的这一想法非常正确，事实证明，并不是收割机不好，而在于农民不了解它，支付不起费用。梅考克为了刺激农民购买收割机，他将收割机的价格一再下调。虽然如此，这对农民来说，仍是一个天文数字。

一次偶然的机会，梅考克获得了新方法的启示。

这是在一次下班回居住地的路上，他看到几个孩子在做游戏，于是驻足观看。

游戏要完了，一个较大的孩子拿出一包包软糖放在伙伴面前炫耀说："真好吃呀。"边说边把糖塞进了嘴里。

他把大家馋得直流口水，大孩子好像看透了伙伴们的心思，他说："我吃不了这么多。但要白送给你们，我又舍不得。这样吧，每包一角钱，卖给你们。"

小伙伴们争先恐后地从兜里掏钱，其中一个小朋友的脸上显出为难的神情，原来他的口袋里只有 3 分钱，他很窘迫地说："我可不可以只买 3 块？"

大孩子果断地说："我是不零卖的。"

梅考克向小孩子递去同情的目光并想替他买下那包糖。

这时，旁边不知哪个小孩子说："让肯德先欠你 7 分，以后再还给你。"

孩子想了一下："可以，不过是要付利息的呀！"

"好的。"小肯德满口答应，"明天我还你 8 分，只要你肯先把糖卖给我。"

几个小孩子游戏中的小小赊欠，使梅考克顿时豁然开朗，想到了一个主意，那就是分期付款。他这样设想：那些因资金问题而不敢问津商品的顾客，如果先让他们付一小部分钱，拿走机器，剩余的款项等他们能付款时再付，这样收割机不就销出去了吗？他不禁为自己想出好主意而高兴得手舞足蹈。

回到公司后，梅考克立即召集全体管理人员开会，把想法告诉他们并得到了一致的赞同。分期付款很快就付诸实施，效果很明显，公司的产品库存积压逐渐减少，公司也开始有了转机。

1849 年，梅考克公司的收割机创年销售 2000 部的高纪录。从此，梅考克公司的销售量始终居美国同类大企业之首。

与此相似，艾柯卡在加盟福特之后，展开了汽车销售大战。但在 1956 年，艾柯卡在福特公司开展的汽车安全运动中失败了，而且他负责的分区的销量在全国又是最糟的，如果再不增加汽车的销售量，他就难以保住在公司的职位。

艾柯卡绞尽脑汁，终于找到了一条妙计，这就是分期付款。他根据当时的情况分析，认为：大多数人还没有一次性支付一辆车款的能力，分期付款将会使福特销量大增。

根据这一想法，他大胆地提出一项新的销售计划，叫做"花 50 美元买福特 1956 年新车"。

具体的办法是任何购买 1956 年福特牌新车的顾客，只要第一次付现金的 70％，接着每月再付 56 美元，即可以拥有自己想要的汽车。这一计划实施后，结果出人意料，汽车销售额猛增。不到 3 个月，他所在地区的福特汽车销量从全国最后一名升到了第一名。

第六章

抓住机会迅速行动

当一只鹰面对地面上一个梦寐以求的猎物时，它会怎么办？它会以迅雷不及掩耳之势扑上去，给予致命的一击。一秒钟的迟疑可能导致机会的丧失，随之而来的也许就是一整天的饥肠辘辘。实际上许多人经商失败或总无大成的一个原因就是并非看不到机会，也不是不想抓住机会，而是总缓于决策，疏于行动，缺乏一点志在必得的"鹰性"。

迅速行动，不给要溜走的机会以任何借口

机会就像人的影子，轻轻一晃就不见了踪迹，如果你的行动稍一迟缓，它就更有溜走的充足借口了。

1997 年 5 月，靠写软件赚的 50 万元，丁磊和他的朋友一起创办了网易计算机系统有限公司，两个人都写程序。丁磊说他的本意是因为他是一个非常喜欢玩网的人，希望把很多的想法结合自己的技术变成现

实。当然这一两年中间有很多困难，但丁磊一直非常乐观，到今天，他已经实现了自己的很多想法。

丁磊的合作伙伴是在网上认识的，当时还是学生，网上的一些美国工程师论坛经常有讨论，在对一篇技术论文发表观点时，他们彼此很赞同对方的观点，后来竟发现，俩人的住址之间只隔两幢楼，天意既如此巧合，两个人自然惺惺相惜，走到了一起。公司的软件编写主要以他们俩为主，丁磊负责系统的结构设计和规划，他的伙伴负责程序的编写。事实上，网易公司每个人都是从网上招聘来的，都很出色，网易公司与网络有太多的缘分，甚至网易公司中有四五个人的配偶都是通过互联网认识的，最后成为朋友和结为夫妻。

当时网易做的第一件事是中文搜索引擎，丁磊以为它应该是中国未来互联网上的一棵常青树，但是，后来发现，当时可以分类编辑的中文网站实在太少了。于是在 1997 年 6 月丁磊看好了 Hotmail，仿照Hotmail，他和伙伴们开发了免费的大容量电子邮件系统，当初开发在技术上是肯定没有问题的，他们还想到必须有一个好记的域名，因为，人们经常承受域名难记之苦，有朋友告诉电子邮件地址时，经常"b"、"d"分不清楚，"m"、"n"分不清，写错一个字，又收不到。

这样想了好几天，忽然一天凌晨两点钟，丁磊想到注册数字域名，于是立刻起床打开电脑，发现这些数字域名没有被注册，就赶紧注册了十几个这样的域名，包括 163．net、263．net、188． net。事实上，这些数字域名后来确实给用户带来很大的方便。

由于公司把全部的精力都集中在了开发软件的工作中，公司没有进项，几乎走到了山穷水尽的地步。软件开发整整用了 7 个月，产品已经做完了，但做免费电子邮件只有软件不行，硬件投资就要上百万，公司不可能自己做，却找不到人愿意买这套免费电子邮件系统，因为人们根本看不到赢利的点在什么地方，永久的用户是不是企业真正的财富，没有人敢肯定。

终于，广州电信局很有远见，但他们要求全部买下，整个谈判过程花了三个月的时间，从1997年12月一直到1998年3月，最后整个邮件系统卖了不到20万元人民币，域名是送的，丁磊说当时最后一个目的是把163．net在中国打响。

几个月下来，163．net流量剧增，后来首都在线也来找网易，这次网易卖了10万美元一套。首都在线没想到的是，评选1998十大中文网站时，首都在线（263．net）取代了瀛海威，并且排名在前五名之中。

1997年网易公司提供了中国免费个人主页，丁磊当时的想法是中国没有一个免费的个人主页存放空间，公司有那么大硬盘，有网络资源，为什么不能让每一个会做主页的人在网络上能有自己的个人空间，能向其他的朋友展示自己的爱好和人生精华呢，这样可能会使网站变得很精彩。

其实在1997年8月之前，网易公司的站点就是一个纯粹的公司站点，有公司的一些介绍、产品和服务的介绍。没想到今天中国最好的个人主页有80％都是在网易的网站上。2万个个人主页其实是2万个会做个人主页的人，他们是网络上最活跃的人，虽然当时丁磊并没有想得更远，但今天分析了一下，这恰恰是网易成功的原因之一。

网易公司在操作的过程中，技术成分占了更多的优势。他们要开发软件、维护网站，还要做很多其他的工作。发展过程中，有一点非常重要，那就是丁磊本人和其他的工程师都对互联网非常热衷，每天上网看东西，然后不断地总结，详细地分析国外成功的经验和成功的结构，然后用自己的技术把这些经验真正变成适合我国国情的服务。网易推出个人主页、邮件服务、搜索引擎、虚拟社区、贺卡站等都受到了用户的欢迎，这些都与丁磊的想法分不开。

1998年一年丁磊和他的伙伴们都在开发另外一套虚拟社区服务系统，以期把用户粘在上头，它提供很多功能，聊天、游戏、福利社、六合彩、放自己的照片、相互留言……相当于网上虚拟的社会。网易甚至还相应地出台了一套虚拟社区基本法。

众所周知，网易早已在美国纳斯达克成功上市，丁磊也因此成了年轻的亿万富翁，并自2000年以后年年入选福布斯杂志评选的中国大陆50名富豪之列。

这就是速度创造的奇迹。

有时候比完备的准备更重要

机会走了便不再来，而准备不充分可以边行动边调整、边准备。

当一个大订单掉在你面前，而你又没有消化它的能力时该怎么办？接下来，将会面临很多困难，承担不能按时交货的风险。但是，稍一犹豫，订单可能会变成一张废纸，一个机会将变成一个遗憾。经商的鹰道告诉我们：先扑上去，咬住它再说。

20 个世纪 90 年代，繁华的深圳。有一个叫王永安的人走过 100 多里山路到了县城，又赶车 1000 多里颠簸到深圳，身上背着 3 双母亲和妻子赶制的布鞋，在街头观赏着繁华的现代都市，并寻找着自己的理想。

高中文凭，加上写得一手漂亮文章，在当时的深圳，王永安就比其他打工仔多一些优势。非常顺利地，他到了一个广告公司搞文案。王永安在工作中拼命地学习，接受着改革开放吹入国门的各种新观念、新思想。

一次偶然的谈话变了王永安的人生轨迹。他听到一个做外贸的朋友说，现在出口一台冰箱还不如出口几双布鞋挣钱，国外对中国传统布鞋的需求量很大，每年有 1000 多万双中国传统布鞋销往世界各地。

说者无心，听者有意。王永安想到了自己包里的那两双一直都舍不得穿的布鞋。他的第一个反应就是，可不可以把家乡的布鞋也拿到国外去卖呢？他的家乡，一个闭塞得几乎与外界隔绝的穷地方，妇女们只按自己的方式来制作她们心目中认为最美丽最适用的鞋样，没有机械，全凭手工，够传统的了。

两年时间的市场考察，王永安证实了朋友并没有骗他，而且令他欣喜的是所有出口布鞋要么是黏合底，要么是注塑底，没有一双真正传统意义上的全手工布鞋。这让他把家乡布鞋推广出去的愿望更加强烈了。

可是他只知道布鞋在国外市场空间大、生意好，但朋友并没有教他怎么做产品才能打入国外市场。因为毕竟这不是去岳西县城卖鸡蛋。不但要让老外知道你在卖中国最传统的布鞋，还要熟悉出口产品的一系列繁杂手续。

网络技术在中国如火如荼的发展让他了解并亲身体验到了这种方式的便捷。他所在的公司了解客户，一般都是看客户公司的网页介绍，信件的往来也通过 E-Mail。

这不就是最好的方式吗？把自己的布鞋产品信息发布到互联网上，让全世界的人都知道中国有个布鞋之乡。

如果没有互联网，很难想象王永安能抓住布鞋走俏国外的机遇进行创业。因为他没有通畅的销售渠道，仅这一点，就可以让他与机遇擦肩而过。

1997 年，王永安回到家乡。他的设想遭到了家人的一致反对。但是，王永安认定了，他要用事实来证明自己。第二天，王永安背了几个干馍，揣着打工的积蓄，到县城里去了，走出了他办厂的第一步。同时，为了打通山里与外界的隔阂，他买电脑，办上网手续，买电脑方面的书，自学电脑相关知识和与客户直接交流的简单英语……

王永安买了电脑和王永安要办一个布鞋厂，对山里的人来说，都具有相当于中国加入 WTO 签订了双边协议同样的轰动效应。因为这带来的不仅是现代观念的冲击，更有乡亲们为提升当地经济水平、改善生活质量的渴盼。

按照自己已有的设想，王永安招收了 500 名当地妇女，扯起了养生鞋厂的大旗。这 500 名"工人"利用一年中农闲的 8 个月，在自己家里进行布鞋加工制作。再设几名专职的管理人员，负责产品质量的控制和物料的管理，自己则负责总体管理和对外营销。

王永安最多时可以发动 1 万多名乡亲来进行布鞋加工。整个生产进行流水作业，500 名工人各司其职，一天正常可生产 100 双布鞋。

安排好生产，王永安便专心致力于销售通路的建设。他的目标是网络。

一个美国资深电子商务专家为不适合在网上销售的商品排了一个名次，鞋子在其中排第 4 名。但是王永安却以自己的方式，让他"全国独一家"的网上鞋店红红火火地经营起来。

最先，王永安只能依靠电子公告板，到许多国内有影响的不同站点上去发布自己产品的信息。不过几天时间，他居然卖掉了两双布鞋，而且是凭借网上零售方式售出的。这给了王永安莫大的信心。

1998 年 7 月，通过上网了解和查询，王永安又将已有一点名气的养生鞋厂挂接到郑州一个叫"购物天堂"的网站上，网页的制作与维护都由郑州方面负责，1 年的服务费用为 600 元，王永安只负责提供资料。客户在网上看样、下订单、签合同，最后按客户的要求通过深圳外贸进出口公司，发往指定港口、码头交货，整个网上销售系统显得十分的顺畅。20 多家国内代理商通过网络认识了这个小县城里的鞋厂，并开始与其磋商做养生鞋厂的代理事宜。其中从国外发来电子邮件的有好几家。令王永安永生难忘的是第一笔同外商交易成功的业务，那是在深圳进出口公司的帮助下，700 多双布鞋销到了美国洛杉矶。这些在常人看来难登大雅之堂的布鞋，这些出自中国农民粗糙之手的布鞋，终于走出了国门。在接下来的短短几个月时间里，王永安通过他的网上鞋店共销售了约 1 万双左右的布鞋，让贫困的山里人真正看到了知识的力量和致富的希望。网上销售的成功让王永安激动不已，更让家里人改变了对他创业初期的看法。

随着销售量的提高，王永安进一步扩大了布鞋品种，加大了对外宣传力度。1999 年 2 月，王永安申请了自己独立的国际域名，用英文、中文简体和繁体三种语言形式在网上发布养生鞋厂的信息，并与国内许多与鞋产品有关的几十个网站进行了链接。其效果十分明显：在鞋类上，养生厂可以生产老、中、青、少、小不同层次、不同类型的布鞋 100 多种。

养生鞋厂的业务量有了成倍的增长，布鞋产品全部出口国外，包括美国、日本、英国、芬兰等 10 多个国家。布鞋供不应求，生产与销售已基本走上正轨。依靠昔日难登大雅之堂的平凡的布鞋，王永安让全村人均收入达到每年 2000 元，昔日山区贫困的面貌得到了彻底的改变。而他的 3 万元投资，两年时间增值到了 50 余万元。

如果王永安面对互联网这个新鲜事物感觉更多的是怀疑，那他注定要选择退缩。他从这个陌生的领域感受到了机遇的召唤，他采取的措施很简单，先迈进互联网这个门槛再说。

找到一切可以快速制胜的办法

对于商机，一念已定，剩下的就是找办法。在有些人面前，赚到钱完成一桩大生意的动力让他们无所不能。

1933 年，几个朋友和利尔共同出资在纽约成立了一家公司，从事飞机用无线电的研究和生产。然而，开业不久就遇到资金不足的问题。利尔在纽约举目无亲，他知道银行绝不会贷款给他，怎么办呢？这时候，他想出一种可以用简便的方法生产多波段无线电的办法，并将这个构想顺利地以 25 万美元的价格卖给 RCA 公司，从而渡过了难关。

1949 年，利尔为美国空军喷射机设计并制造了 F-5 自动驾驶装置。利尔的自动驾驶装置比一个面包大不了多少，它不但能使飞机飞回目的地，而且还能在地面能见度为零时，让飞机安全地降落在跑道上。

由于这一了不起的发明，利尔获得了 1950 年美国政府颁发的"柯叶儿"奖杯——这种奖杯是颁发给为航空事业作出巨大贡献的人的。利尔因此得到政府的一份合同，请他专门生产这种装置。

到 20 世纪 50 年代将结束时，利尔的公司已成为美国生产航空电子仪器的主要厂家之一。这时候，尽管他已经相当富有，但他并不在乎金钱，设计才是他的最大乐趣，他要另找施展自己才华的舞台。

1960 年初，利尔到欧洲去推销产品，获悉一种瑞士设计的代号为 P-16 的小型喷射式飞机，因两次试飞失败，研制计划被放弃了。雄心勃勃的利尔决定接过手来继续干。

于是，负责这种飞机设计工作的工程师们都被利尔聘请过来，他和他们一起探讨修改方案。利尔想办一家飞机制造公司的计划遭到董事们的一致反对，他们都认为这种做法风险太大。

利尔决定单独干，他转让了自己在公司里的全部股份，将私人财产全都投入喷射机的事业中去。但是，钱还是不够。因为他从未制造过飞机，银行也不敢贷款给他。他只好以家族的名义向私人借贷，甚至典卖了自己的飞机，总算凑足了所需的钱。

一般情况下，飞机制造厂在制造第一架原型飞机时，都是手工制造。在完成试飞证明设计没有什么不妥之后，才可能进行大规模生产的准备。信心十足的利尔却一反常规，在威奇塔建立飞机制造厂时，就把所有的生产机器和工具已经准备好了，并在没有得到联邦民航局批准生产的执照之前，就投入了生产！

1963 年 10 月，第一架喷射机制造出来了。但是，在试飞时，因民航局的检查官员操作失误，飞机不幸坠毁了。

民航局判定是飞机性能有问题，利尔却坚持认为是操作失误，双方相持不下——如果没有第二架飞机及时地生产出来，这件事就很难说清楚。幸而，利尔早就做好了准备，第二次试飞成功了！联邦民航局这才批准他投入生产。

可以说，这是利尔一生中最大的一次冒险。他之所以敢下这样大的赌注，一来是因为自信，另一个原因是要争取时间，他的钱大部分都是借来的，时间拖得越长，对他越是不利。如果失败，后果不堪设想。正如他自己所说的："这样的做法，你不是对极了，就是错极了。而我是对极了。"

他取得了成功。比起正规的生产程序，他提前了好几年售出了他的飞机。

对于利尔来说，他的风格就是雷厉风行。没有人会比他更明白，时间就是金钱的道理。尽管他的许多想法在大多数人看来简直是发疯，但事实证明，他总是正确的。当初他认定瑞士的那种喷射机只要稍作修改，就一定能行。而别的很多人都认为，即使设计成功，也未必能投入批量生产，因为这种小飞机只有 8 个座位，是供私人使用的，而买得起飞机的那些大老板们大都比较奢侈，他们要的是豪华。

时间使决定成败的关键因素。对此，我们的主人公采取的是打破常规的做法，为了赶时间，他都使用了近乎疯狂的办法——有的时候，疯狂是找到办法快速制胜的唯一途径。

为抢先一步创造一切必要条件

> 为了行动迅速可以疯狂，但疯狂也是讲条件的，因为商业活动更多的时候不是一个人玩的游戏。

中国富豪张果喜把一个小小的木器厂发展成为称雄亚洲的木雕企业，其经商秘诀总结起来无外乎两条：一是抢先一步占先机，二是为迅速的行动创造一切必要的条件。

张果喜所在的厂因为经营管理不善，效益每况愈下，到 1972 年，已濒临倒闭的边缘。结果，无法自负盈亏的木工车间被从厂里分离出来，单独成为木器厂。年轻的张果喜被任命为厂长。

张果喜名义上是厂长，可实际上，他从农具社得到的，除了三平板车木头和几间破工棚，就只有21名职工和他们的家庭近百口人的吃饭难题，以及"分"到他们头上的2.4万元的沉重债务。

到了第一次发工资的日子，张果喜这个厂长手上却连一分钱也没有，血气方刚的他找到父亲，要把家里的房子卖了——那房子还是土地改革时分给他们家的，已经住过张家祖孙三代人。人家当了厂长，忙着给自家盖房子，张果喜这个厂长却急着卖自家的房子。尽管如此，通情达理的父亲理解儿子的难处，还是同意了。房子卖了1400元，张果喜全部拿到了厂里，这成了他们最初的本钱。

单靠这点钱，又能发得上几回工资呢？木器厂必须得找到能挣钱的活干。张果喜想，一定得另找出路。

情急之下，他想到了上海。

张果喜和他的伙伴，四个人带了200元钱，闯进了大上海。因为怕被扒手扒去这笔"巨款"，他们躲进厕所里，每人分50元藏在贴身口袋里。晚上舍不得住旅馆，就蜷缩在第一百货公司的屋檐下打地铺。他们从上海人口中得知，上海工艺品进出口公司大厦坐落在九江路——九江可是江西的地名呀，他们感到了几分亲切，也更增加了几分希望。

在工艺品进出口公司陈列样品的大厅里，张果喜被一种樟木雕花套箱吸引了目光。套箱是由两个或三个大小不一的箱子组合而成的，每个箱子都是单独的工艺品，套在一起又天衣无缝；箱子的四沿堆花叠翠，外壁层层相映着龙凤梅竹，显得精美非凡。当他听说每件套箱的收购价是300元时，觉得这简直是天上掉下来的馅饼！

300 元啊，他们四个人千里迢迢来闯上海，全部盘缠也才不过 200 元呀！他决定接下这批活儿。

工艺品进出口公司答应了张果喜提出的承做 50 套出口樟木雕花套箱的请求，并当场签订了合同。

张果喜的名字，第一次与 1.5 万元巨款连在了一起。

张果喜没有马上回去，他对伙伴们的木工技艺心中有数，知道要做这样精细的活计还有难度，所以，他们先在上海艺术雕刻厂学了一个星期的木雕技术，把看到的一切都牢牢地记住。临走时，他从上海艺术雕刻厂的废纸堆里拣回了几张雕花图样，又顺手牵羊地带走了一只报废的"老虎脚"。

回到余江的当天夜里，他顾不上休息，连夜召开全厂职工大会，要求大伙一定要把这第一批活干好。

但是，怎样才能干好呢？

张果喜把全厂的碎木料一一清理出来，分成三十几堆，全厂职工每人一堆，让大家照着样品上的花鸟去练习雕刻。接着，他把工人带到有"木雕之乡"美称的浙江省东阳市，向东阳县的老师傅学习；又把东阳的老师傅请到余江来教……就这样，张果喜和他的伙伴们如期交出了高质量的樟木雕花套箱。

在 1974 年的广交会上，他们独具一格的"云龙套箱"，造成了极大的轰动。

张果喜决心要将工艺雕刻这碗饭吃到底了！他给每一位雕刻工发了画笔、画板，要求每人每天一张素描，由他过目、评分。他挤出经费，让雕刻工外出"游山玩水"，接受美的熏陶。于是，各种题材、各种风格、各种流派的雕刻艺术，都汇聚到他的办公室，争奇斗妍。

1979 年秋天，张果喜再次闯进大上海。同样在上海工艺品进出口公司的样品陈列厅里，他看中了比雕花套箱值钱得多的佛龛。

这是专门出口日本的高档工艺品。日本国民家家必不可少的"三大件"，就是别墅、轿车和佛龛。佛龛用来供奉各种佛像，虽然大小只有几尺见方，结构却像一座袖珍宫殿样复杂。成百上千造型各异的部件，只要有一块不合规格或稍有变形，到最后就组装不起来，成为废品。因为工艺要求太高，许多厂家都不敢问津，但是，张果喜却看中了它用料不多而价格昂贵，差不多是木头变黄金的生意。

张果喜签了合同，带着样品返回家乡，一连 20 天泡在车间里，和工人们一起揣摩、仿制，终于取得了成功。张果喜庆幸自己抱住了一棵"摇钱树"——1980 年，他的企业创外汇 100 万日元，其中 60 万日元是佛龛收入；1981 年，他们创外汇 156 万日元，佛龛收入超过 100 万日元。

时间差让快变巧

快有雷霆之快，有轻灵之快，有奇巧之快。巧打时间差可以让你的商业行动在不经意间快人一步。

在排球比赛时，利用时间差可使比赛变得更精彩、更有悬念；

在商业活动中，抓住时间差，也能让人一朝成富翁。

1979 年，改革开放的春风吹遍了大江南北，有眼光的港台商人纷纷进入大陆市场发展业务。陈玉书也来到北京，经过一番考察，他决定经销具有民族特色的景泰蓝产品。他第一批购进了价值 5 万港元的货，运回香港后，很快便销售一空。1980 年。他又订购了 30 万港元货，同样很快就卖光。以后，他又多次订货，每次都是数十万元。这样，他就成为香港较大的景泰蓝经销商了。

可是，到 80 年代初，因为全球性经济衰退，香港市场对景泰蓝的需求量减少。陈玉书订的货比较多，一时难以售出，形成积压，他又一次陷入困境之中。他苦苦思索如何摆脱这个困境。就在其他商人纷纷收缩业务、抛售存货的时候，他却来个反其道而行之，一连开了好几家新店，在电视、报纸上大肆宣传。对他来说，这简直是一场赌博，他把大部分销售收入都押上去了。

陈玉书也认识到，由于传统的景泰蓝产品花色品种不多，功能只限于观赏，已满足不了顾客的需要，进行产品改革是当务之急。为此，他频繁地往来于北京与香港之间，把世界最新的流行趋向通报给生产厂家，并指导工人制作。

他的努力获得了回报，在景泰蓝市场不景气的情况下，他的"繁荣"公司销售量不但没有下降，相反还逐年增加。

1982 年，陈玉书又做出一个惊人之举：由于世界经济持续衰退，北京工艺品公司积压了价值 1000 多万元人民币的景泰蓝厂品，急于清仓处理。但在市场疲软的情况下，港商谁也不敢图这个便宜。陈玉书却独具慧眼，看好这个机会，他认为，景泰蓝是中国传统文化的结晶，世界经济不景气也不会长期继续下去。一旦经济回升，人们对艺术品的需求就会增加，景泰蓝还会成为市场上的抢手货。

他想，若买下这批货，就等于拥有世界上最大、花色品种最多的景泰蓝库存。权衡利弊后，他决定，订下这批货！

按照他当时的财力，根本就拿不出这笔钱，唯一的办法只有向银行借贷。而银行家们都不傻，他们知道景泰蓝行业不景气，担心贷款放出去收不回来。陈玉书跑了许多家银行。只有少数几家同意贷款，但提出的条件极为苛刻。他咬了咬牙，接受了对方的条件，将全部的家产抵押出去，这才凑足了所需货款。如果这笔买卖失败，陈玉书又将身无分文。

货运到香港，他理所当然地打出"景泰蓝大王"的金字招牌，号称"品种齐全，数量最多"。但同行都在暗中窃笑：看他怎么抛掉这个大包袱！陈玉书的心其实也悬着，他外表装得坦然，心里却七上八下——现在他是负债经营，每拖一天，贷款的利息就增加一分。

这时，幸运降临了：新加坡准备举办中国景泰蓝展览。得到这个消息后，陈玉书心花怒放，他立即带着所有的样品赶赴新加坡参加展览会。展览会一开幕，参观订货的人就络绎不绝。这次机会，扫清了陈玉书登上"景泰蓝大王"宝座的一切障碍，他的公司营业额顿时扩大了10倍，在香港同行中，已经没有人能与之匹敌了。他的公司营业额占了香港景泰蓝市场的50%以上。

陈玉书从实际经营中认识到，景泰蓝产品必须跟上时代的潮流，朝"实用化、日用化"方向发展，不断推陈出新，才能保持其在市场上长盛不衰。他组织北京生产厂家的技术人员成功地研制了脱胎景泰蓝。它制作简便，成本低，可以制作壁挂、台灯等日用装饰品。他还亲自设计了景泰蓝手表、景泰蓝钢笔、景泰蓝打火机等各种日用品。这些新产品刚一问世，大批订货单雪片般地飞来。他销售的景泰蓝产品不仅畅销东南亚，还打入了欧美市场，随着市场的不断开辟，陈玉书"景泰蓝大王"的地位也越来越稳固。

让快速成为一种经商风格

　　其实，快，有时候不是可以刻意追求的东西，而是基于对事情现状和发展走向的认识而作出的本能反应，因此，更多时候，它是经商者的一种个人风格。

　　韩国大宇公司的创始人金宇中小时候因家境贫寒曾当过报童。

　　当时卖报的报童很多，但金宇中却与别的报童不同。他卖报不仅腿勤口勤，而且善于动脑。报童们喜欢到离报社近的西门市场卖报，那里来往人虽多，可大多数是本地人。金宇中偏偏与众不同，他发现较远的防川市场更有利可图，因为，那里左右居住的多是躲避战火的北方难民，他们要比当地人更爱看报，希望从中得到故乡的消息。

　　另外，报童们总是一边卖报一边收钱，金宇中却别出心裁，他除了预先准备零钱外，还采取了先看报后收钱的办法。每天一大早取到报纸后，他就急忙跑到防川市场，从市场入口开始，他便把报纸迅速发给面熟的老顾客，直到市场末尾把 100 份报纸分发完，然后再回过头来一一收钱。到了下午 4 点，已卖完报纸的金宇中，又从别的报童手上低价买进报纸，拿到市内热闹街去卖。晚上 9 点，他又蹲在风山洞邮局门口把剩余的报纸卖给下晚班的工人。如此一来，金宇中一天就能卖上 150 份报纸，最多时高达 200 份，收入基本能维持一家 4 口人的生活了。

就这样，金宇中成了大邱出了名的报童，并且成为 10 名报童领班人之一。

他每天取报分发给报童，收领班费，此外他还亲自外出卖报，实际上就拥有了双份收入。

金宇中在大邱卖报期间仍坚持读书。家境稍有好转，他又返回首尔读完中学。

1956 年，他考入延世大学商经学院经济系。

由于家庭贫困，金宇中在大学读书期间的费用，绝大部分由首尔实业株式会社社长金容顺提供。1960 年，年满 24 岁的金宇中以优异成绩结束了大学生活，加盟首尔实业株式会社。

首尔实业株式会社在韩国化纤制品进出口业占据突出地位。

金宇中主要负责纤维制品进出口业务。他大胆地从日本大量进口尼龙纤维制品，使首尔实业的进口额激增。但是，朴正熙上台后，股票市场的混乱和实施货币改革，使首尔实业株式会社陷入了困境，金容顺社长对此毫无办法，只能坐以待毙。由于金容顺早先曾许诺让金宇中赴英国留学，所以在会社倒闭之前，他把赴英护照交给金宇中，两人心事重重，久久无言以对。

但在金宇中的出国途中，事情却出现了转机。

金宇中决定借出国之机，了解一下各国市场行情。首站是香港，紧接着是马尼拉、西贡、新加坡，每到一地，他就坐上出租车，逛市场，跑商店，参观企业。经过周密计划，权衡得失，他确信向新加坡出口纺织品是桩大有前景的买卖——他运用娴熟的推销技巧，很快就与新加坡商人签订了总额为 34 万美元的出口合同；然后断然放弃了留学机会，怀揣这份巨额合同书兴冲冲地赶回首尔。

经过努力，金宇中圆满地完成了这批纺织品的出口任务，使首尔实业株式会社起死回生，并进入全盛时期。

金宇中乘胜前进，不断扩大出口市场，使 1964 年的出口额达 70 万美元以上。他在对外贸易中恪守信誉，保证质量，交货准时，从而在东南亚一带声名鹊起，被誉为"纺织出口大王"。

在 1965 年实现出口 100 万美元的基础上，金宇中满怀信心地迎来了 1966 年，他计划扩建和新建纺织厂，并确定出口目标为 200 万美元。但是，金宇中这一雄心勃勃的方案却未能得到大病初愈的金容顺的采纳。

金宇中无法理解金容顺的悲观态度，也不愿失去干事业的机会，就在 1966 年 2 月正式向金容顺社长提交了辞职申请。1967 年 3 月 22 日，金宇中与大都纤维株式会社社长都再焕，及好友赵东济、李雨馥、金尚重一共五人，联合创办了大宇实业株式会社——"大宇"的商号取自大都纤维会社的"大"和金宇中的"宇"，金宇中自任贸易部长。

金宇中就这样开始了他的创业生涯，这一年，他 31 岁。

我们看到，金宇中从小时候开始就学会了如何让自己更有效率、让自己的快决不盲目。成年后，他的做事风格中也处处闪着快速高效的影子。这一性格特质帮助他的事业不断攀高。

香港商人曾宪梓更是把快纳入到自己的经营理念之中，并时刻贯彻在企业的经营行为里。

曾宪梓是"领带大王"，"三多"和"四快"是他的成功之道。所谓"三多"就是多看、多想、多做。意思也就是遇事要注意多调查研究；多思考利弊得失，计划尽量周全；多实践，不要怕失败，尽可能取得经验和锻炼队伍。"四快"就是快设计、快制作、快投产、快上市。当今世界流行快节奏，观念更新快，款式变化快；今日流行、火爆的样式说不定就是明日黄花，一文不值。而"四快"之中是以"设计快"最重要，产品必须与世界同步，否则就会落伍，就会失败。所以，他每年都会派出不少设计人员到欧美，特别是领导世界衣着潮流的法国和意大利去观摩、取经，让他们领悟时装界变化的脉搏，挑选出合适的款式，保证设计出来的款式是符合未来潮流的。有时见到别具一格的设计，他就会毫不犹豫地重金买下版权，拿回香港来琢磨一番，加上公司设计人员的创意，迅速地组织批量生产，投到市场中去。这样就保证了整个生产和销售链条的快速运作，货如轮转，产品少有积压。据说，金利来公司每年投放到市场的品种多达 2 万个，多数都是采用这方法炮制出来的。

时代流行的是快节奏，产品必须赶在潮流刚兴起时就投放市场，否则很容易就会成为滞销品，投入的资金、人力、物力就会"雨打风吹去"。

下篇

下篇
谋　绝
放眼长远的经商人道

　　狐道、鹰道固然都是遨游商海的附身绝技，但毕竟只是一种本能。要想事有大成，就要超越这类本能，具备透过一叶得见森林的战略眼光和既能谋及眼前又能着眼于长远的超绝智慧。

　　秘诀是做一个猎人，狐狸再狡猾，雄鹰再敏锐，终究逃不过猎人的眼睛而成为其枪下的猎物。

第七章
练就孙行者的火眼金睛

谋绝的第一层功夫概以一个"深"字，即眼光毒辣，能透过现象深入到事情的本质，也就是说能把事情看透。商海诡诈，陷阱的深度与铜钱的高度差不多，如果不能练就一双火眼金睛，恐怕早晚得摔进陷阱，成为别人的垫脚石。

做生意要善烧冷灶

> 眼睛的作用即为视物，前看别人避开的商机，后看"请君入瓮"的陷阱。商场上要吃得开，不仅要赶热门，还要学会烧冷灶。

我们常由衷地佩服有些人做生意实在高明，一般经商者避之唯恐不及的事情到他那儿就成了天赐良机。他们高在何处？说白了就是对事物的洞悉更深刻，能见人所不能见。要想在商场上高歌猛进还真得练就这样一双火眼金睛。

在清代商圣胡雪岩的商战经典中，就有一个烧冷灶拓开大局面的例子。

胡雪岩的阜康钱庄刚开业，就遇到了这样一件事。浙江藩司麟桂托人来说，想找阜康钱庄暂借两万两银子，胡雪岩对麟桂也只是听说过而已，平时没有交往，更何况胡雪岩听官府里的知情人士说，麟桂马上就要调离浙江，到江宁（南京）上任，这次借钱很可能是用于填补他在任时财政上的亏空。而此时的阜康刚刚开业，包括同业庆贺送来的"堆花"也不过只有四万现银。

这一下可让胡雪岩左右为难，如果借了，人家一走，岂不是拿钱打水漂？连个声音也听不到。即使人家不赖账，像胡雪岩这样的人，总不可能天天跑到人家官府去逼债吧。两万两银子，对阜康来说也是一个不小的损失。

俗话说，"人在人情在，人一走茶就凉"，一般钱庄的普通老板碰到这种事大约会打个马虎眼，阳奉阴违一番，几句空话应付过去。不是"小号本小利薄，无力担此大任"，就是"创业未久，根基浮动，委实调度不开"。或者，就算肯出钱救急，也是利上加利，乘机狠宰一把，活生生把那麟桂剥掉几层皮。

但胡雪岩的想法却是：假如在人家困难的时候，帮着解了围，人家自然不会忘记，到时利用手中的权势，稍微行个方便，何愁几万两银子拿不回来？据知情人讲，麟桂这个人也不是那种欠债不还、耍死皮赖账的人，现在他要调任，不想把财政"亏空"的把柄授之于人，影响了自己仕途的发展，所以急需一笔钱来解决难题。想明白后，胡雪岩马上决定"雪中送炭"。他非常爽快地对来人说：

"好的，一句话。"

答应得太爽快，反倒使来人将信将疑，愣了一会儿才问出一句话："那么，利息呢？"

胡雪岩想了一下，伸出一个手指头。

"一分？"

"怎么敢要一分？重利盘剥是犯王法的。"胡雪岩笑道，"多要了，于心不安，少要了，怕麟大人以为我别有所求，不要，又不合钱庄的规矩，所以只要一厘。"

"一厘不是要你贴利息了吗？"

"那也不尽然。兵荒马乱的时候，尽有富家大户愿意把银子存在钱庄里，不要利息，只要保本的。"

"那是另一回事。"来人很激动地对胡雪岩说："胡老板，像你这样够朋友的，说实话，我是第一次遇见。彼此以心换心，我也不必客气。麟藩台的印把子，此刻还在手里，可以放两个起身炮。有什么可以帮你忙的，惠而不费，你不必客气，尽管直说。"

听到这样的话，胡雪岩再不说就显得太见外了。于是，他沉吟了一会答道："眼前倒还想不出，不过将来麟大人到了新任，江宁那方面跟浙江有公款往来，请麟大人格外照顾，指定由阜康汇兑，让我的生意可以做开来，那就感激不尽了。"

"这是小事，我都可以拍胸脯答应你。"

等来人一走，胡雪岩马上把刘庆生找来，让他凑二万银子给麟桂送过去。

刘庆生为难地说："银子是有，不过期限太长恐怕不行。

咱们现在手头现银不多，除非动用同业的'堆花'，不过最多只能用一个月。"

"有一个月的期限，还怕什么？萝卜吃一截剥一截，'上忙'还未了，湖州的钱粮地丁正在征，十天半个月就有现款到。"胡雪岩继续说道："我们做生意一定要做得活络，移东补西不穿帮，就是本事。你要晓得，所谓'调度'，调就是调动，度就是预算，预算什么时候有款子进来，预先拿它调动一下，这样做生意，就比人家走在前头了。"

"既然如此，我们不妨做得漂亮些，早早把银子送了去。借据呢？"

"随他怎么写法，哪怕就是麟藩台写个收条也可以。"

这样的做法，完全不合钱庄规矩，背的风险很大。不过，刘庆生知道胡雪岩与众不同，所以也不多说，按照胡雪岩的吩咐去办理。

胡雪岩这一宝算是押对了，立马收到了成效。那麟桂没想到胡雪岩办事如此痛快，而他们两人过去从未打过交道，胡雪岩竟然如此放心地把钱借给了他，不禁使麟桂从心里佩服胡雪岩的爽快。于是，他报之以"李"，在临走前，特意送了胡雪岩三样"大礼"。

一是钱业公所承销户部官票一事，已禀复藩台衙门，其中对阜康踊跃认销，特加表扬，麟藩台因为公事圆满，特别高兴，又因为与阜康的关系不一般，决定报请户部明令褒扬"阜康"，不但在浙江提高了"阜康"的气声，将来京里户部和浙江省之间的公款往来，也都委托"阜康"办理汇兑。

二是浙江省额外增收，支援江苏省勘剿太平天国的"协饷"，也统统委由"阜康"办理汇兑。

三是因麟桂即将调任江苏，主要负责江南、江北大营的军饷筹集，阜康可以在上海开个分店，以后各省的饷银都经过阜康钱庄汇兑到江苏。

胡雪岩以区区两万银子，不仅使"阜康"得到了一笔不小的生意，而且还将生意做到了上海和江苏去，这正是胡雪岩求之不得的事情。而且，有了各省的饷银，以后到上海做生意，就不再愁资金短缺的事了。"烧冷灶"的利益回报，一下就显现出来。胡雪岩为自己的得意之作而拍案叫绝。

与其说胡雪岩是个经商的高手，不如说是个烧冷灶的高手。就事论事，麟藩台在任时显然是个热灶，一般人包括胡雪岩把脸凑上去说不定只能贴个冷屁股。在其人走茶要凉之际，多数人只看到放银给他的风险，而胡雪岩在风险之外看到的是送上门来的摇钱树。胡雪岩烧冷灶绝非仅此一端，像前述的他能把生意做到左宗棠头上，也是冷灶烧得其时的结果。

烧冷灶靠的是眼睛，看的是火候。所谓对症下药，药到才能病除，否则可能就成了吃力不讨好。

追求价格背后的利益

> 高价求利，低价亦为求利。价格高低之中方显见识高低，见识浅，钱罐自然就浅。

做生意，价格恐怕是个最为敏感的问题。生意双方同时又是争夺利益的敌对方，一方想卖个好价钱，另一方想买便宜货。生意经的其他篇章可以是风花雪月，到此紧要处则真刀真枪、刀刀见红。在今天商品极度丰富、商业竞争十分激烈的情况下，以价格优势争取竞争优势更成为很多企业抢占市场的生意准则。于是乎我们看到不仅空调、冰箱、彩电的价格你方降罢我再降，汽车的价格更是今天1万明天8千往下降。人们不禁要问，降价难道是促销的唯一手段吗？除此之外真的就别无高招吗？一件商品的价值真的可以这样随意去定吗？

其实不然，在那些"商精"眼里，价格里面有大学问，能考较真见识。

松下是如何处理这些问题的呢？他有何策略——首先，物价降低才能刺激消费，从而反作用于生产，进一步降低价格。

1951年，松下幸之助去美国参观，发现美国通用电气公司的收音机售价24美元，工人的日工资是12美元，就是说，工作两天就可以买到一台收音机。而当时的日本松下公司所生产的收音机售价9000日元，而工人的月薪则只有6000日元，就是说，工人工作一个半月才能买到一台。当时，这种差距太大了，让松下惊讶不已，也决心迎头赶上。20年后的70年代，松下收音机的价格降到了6900日元。而工人的薪水则涨到了77000日元（40倍于前），加上其他的福利待遇和退休金等，松下的员工工作一天就可以买到一台收音机了。对于自己公司的这份业绩，松下很是自豪。他认为这是一个特殊的例子，是很让人感到欣慰的。这个例子也证明了他的观点：薪资和物价应是成反比相对运动的。

松下的特例是否可以推而广之？答案是不言而喻的。科学技术的进步，必然导致低投入（

包括劳动力）、高产出，产品价格的下降（哪怕是相对的）是必然的，员工薪资的上涨也是必然的。这也正是社会进步的标志之一。假如说现在两者的比例还不协调的话，未来则必然成为反比关系，而且其中的差距会越来越大。

经营者承担着为社会提供价廉物美的产品的使命，有责任为了这一大众的目标努力。而且，这不仅是关系到社会大众的，也是关系到企业生存和发展的。

其次，松下遇到杀价高手，总是通过各种各样的手段来对付他们。

击败杀价高手。还是在创业初期，每有新产品，松下总免不了自己带着四处求售。当时，价格问题每每成为争论的中心，松下也屡屡碰到"杀价高手"。有一位杀价高手煞是厉害，你越说利润薄、生意难，他就越是狠杀。就在松下将要认输的时候，面前浮现出了工厂里挥汗劳作的员工的形象。于是他把工厂的情形和对方说了，"大家都是这样挥汗劳作的，好不容易才生产出这样的货品，价格也合理。如果杀价，那就真是糟透了。希望你还是别再杀价了吧。"就这样，对方答应了。

松下的原则不是立刻就否定大杀价。有时候，价格可能合理，但与购买能力脱节，就不应该一概而论地否定大杀价了。一次，一位经销商要求用低于现价1/3的价格从松下电器进货。察知对方是以世界标准和购买能力来要求降价的，松下没有立即否决他的要求，而是希望对方先以原价销售，给自己一定的时间改良产品，然后以对方要求的价格交易。如此，对方接受了这种暂时的价格，松下电器也加紧了改良进程。松下说：有时候"不要把降价要求当做荒唐的无稽之谈，不妨检讨一下看看。如果对方拿世界标准的价格来杀价，不可以认为这是无理取闹，而必须从所有的角度来研究其可行性"。

降价而不吃亏，这是松下要求别人降价的例子。松下以为，面对供应商，采购员应该不断地提出建议，让别人降了价也不吃亏。

因为设计、供应等等的改进，是可以降低成本，带动价格的下落。

同理，这也适合于松下电器这样的制造商和供应商。松下的降价，从来都是这种不吃亏的降价。

下面我们具体来看看松下制定价格的策略。

1931年，松下电器公司研制出乐声牌三球式收音机，样品获得全日本收音机评比第一名。松下下令投入批量生产，并拟定销售计划，邀请经销商参加新产品展销会。

松下说："诸位请注意，这是我们公司最新推出的乐声三球式收音机，在日本广播电台举办的收音机比赛中，获得第一名的殊誉。行家认为，这是目前全国最理想的收音机，造型新颖别致，结构合理，几乎挑不出任何毛病，大家不必为故障而担忧了，请放心销售，拜托了。"

经销商反应热烈，交口赞誉乐声收音机，表示竭尽全力推销，为松下电器，也为他们自己挽回声誉。

当松下把新产品的销量和价格公布后，事态急转，经销商一致反对。

"松下先生，这个价格我们卖不出去！乐声收音机刚刚挤入市场，一定得比别家的便宜一成，才能吸引顾客购买。可你定的价格，比目前最驰名的收音机还要贵一成，这是万万行不通的。松下电器成功的秘密，在于质优价廉，这好比打进市场的两只拳头。松下先生，请站在经销商和顾客的角度，再作考虑。"

松下知道，质优价廉已牢牢被经销商和顾客认可。但他们实在不太清楚松下电器在质优价廉的背后，有一条牢不可破的原则，这就是合理的成本，再加上合理的利润，最后定出合理的售价。现在许多厂商不是这样做的，若没有竞争或竞争少，就追求高额利润，卖得特别贵；一旦竞争激烈，就牺牲利润，甚至赔血本，进行贱价大甩卖。眼下，收音机界正处于这种恶性竞争状态。

松下说："现在收音机界的状态大家一定比我更了解，恕不赘述。我认为，价格定得太高或太低，都是违背经济规律的，从商业道德的角度看是一种罪恶，势必造成市场混乱，不利产业的发展。"

"商场是以成败论英雄的，不承认商业道德。"一个经销商忍不住插嘴道。

松下说："成功与商业道德绝不矛盾。我认为我们定的这个价格是合理的。我也相信我们的乐声收音机是能为顾客所接受的——因为，我们的收音机品质特优，荣获日本电台评比第一。"

经销商说："像这类荣誉，其他牌号的收音机得过大把，现在评奖过滥，顾客都不太相信了。唯一的行销武器，只有低价。"

松下说："请相信乐声收音机是名副其实的，评比的结果也是公正的。现在诸位都咬住低价不放，其实，我比你们中的每一位都更希望低价。我并没有忘记我们一贯奉行的质优价廉的经营方针，我们的价廉是建立在大批量生产的基础上的。批量大，成本势必低，加上合理利润，售价自然低于其他制造商。然而现在，我们还没有这个能力投入大批量生产，要形成大批量生产的规模，我们需投入 100 万日元，这是目前的财力无论如何也承受不了的。我们只能利用销售利润，逐步扩大生产规模，从而实现质优价廉，惠及每户消费家庭。请大家暂时离开经销商的位置，真正站在松下电器代理商的立场来看问题，支持合理利润的销售，为普及收音机而作贡献。互惠互利、荣辱与共是我们长期合作的基础。我相信诸位一定不会强求我们亏本贱卖，一定希望松下电器持续繁荣发展，一定会体谅我们的难处，并鼎力相助。谢谢大家！请多多关照！"

松下的诚恳，打动了每位经销商。他们不再坚持意见，乐声收音机经这些经销商推向市场，售价虽然偏高，但确实质优物美，很快就得到顾客认可，并开始畅销起来。

乐声收音机最后月产高达 3 万台，占全国月产总额的 30％，市场占有率全国第一。因生产批量大，成本降低，加上利润，售价仍比其他厂商出品的收音机要便宜一半。

松下又一次成功实现了质优价廉的营销方针，使收音机这种只为少数人享用的奢侈品，转化为国民所必需的大众商品。

经济学家田中氏指出："不受市场价格所左右，始终坚持自定的合理价格，最后形成自定价格左右市场价格的局面。这种营销方针，只有松下幸之助这样的经营之神才能做到。"

松下一直奉行销量愈多，售价愈廉的行销方针。司时，售价不为市场价格所左右——依据生产成本，加上合理的利润来确定，这在当时的日本企业界，是一种非常独特的、不易为他人理解甚至遭人嘲笑并鄙弃的做法。

不少业主为了开拓市场，不管成本多少，利润多少，先以比同业更低的价格推出产品，以价格优势打倒同业，待垄断市场之后，再大幅度提价，以期牟取巨额利润。

松下说："这是非常不道德的，不利于产业的发展。我们应该向美国汽车大王福特学习，大批量流水线作业，降低售价，使得劳工阶层都买得起汽车。市场需求量增大，又必定带动产业发展。"

两种观念孰优孰劣，数十年后才见分晓。如今，日本的一流企业都是采用松下奉行的行销方针。这同时又是日本式的经营战略，日本产品以此而畅销世界。

能见陷阱急转身

凡掉进陷阱的狼都是奔陷阱那边的羊去的。聪明的经商者，不仅要善于识别商途中的陷阱，更要勇于放弃陷阱对面猎物的诱惑，决绝转身。

　　经营者应该明察善断，要根据具体的情况应对，有时候需要锲而不舍地坚持，有时候则要敢于放弃。

　　一次，在松下政经塾上，塾生向松下提出了"撤退"的问题，说万代公司的经验教训是"为了成功，撤退也有必要"，不知塾长以为如何。

　　万代公司的山科会长是松下的熟人，他的"撤退"，松下知之甚详。而且，松下十分同意山科的"撤退"哲学，他自己的经营史上，就有过数次的撤退。

　　二战以后不久，松下接手了一家濒临倒闭的缝纫机公司。起初，他觉得有办法起死回生，但由于不擅长此方面的业务，而且竞争对手林立，自感无法抗衡，便立即退了出来。当然，费了一番功夫以后退出来，财力、物力、人力都会有些损失，但总比继续毫无希望地撑下去来得划算。

　　松下的"撤退"，最为惊天动地的，要算从大型电脑领域的撤退。那是 1964 年的事情。此前，松下已经在大型电脑的制造方面投注了十几亿日元的资金，并且已经研制出了样机，达到了实用化的程度。可是，松下却遽然从这一领域里退了出来。当时的情形是，小小的日本，有包括松下的 7 家公司在从事大型电脑的科研开发，而市场却远不那么乐观。继续下去，势必形成恶性竞争的局面。与其恶性竞争而两败俱伤，还是毅然决然得早些退出来为好。

　　后来的事实证明，松下的这步棋走得很是正确：直至今天，家用、小型电脑长足发展了，唯独大型电脑却比较冷清。

　　1925 年，松下幸之助到东京办事处巡视时，发现装置在收音机里的电子管非常畅销。松下希望尽快能在大阪发售这种装置的收音机。因此，当场就指令和电子管制造厂交涉。结果发现那家工厂规模很小，资金也不雄厚，生产根本赶不上订货，就当场先付出价款 3000 元购买 1000 个，想多买一个都有困难。

回到大阪，松下就和电子管的批发商接触，当时因为来货很少，大家都急着赶快订货。这种情形大概持续了五六个月，而松下电器也因此多了一万多元的收益，这在当时已是一笔不小的款子。

后来制造电子管的厂家慢慢多了起来，各种厂牌渐渐出现，价格自然也逐渐便宜。

松下意识到，照这样下去，松下电器可能增加的利润必然会很有限，虽说目前还能保持一定的利润和销路，但情况已经有所变化，和前一阵子已经大不相同。重点在于如何掌握演变的趋势，因此，先见之明是很重要的。做生意不能不注意情况的变化，必须要有应变的手段，这就是让松下萌生撒手念头的理由。况且已经赚取一万元的利润，也应该是收手的时候了，再贪心就不大好。松下于是就从这个还没有创造可观利益的电子管贩卖事业上撒资了。

过了四五个月之后，收音机配件的售价急转而下，使目前获利还不错的工厂和贩卖店一起陷入困境。

松下电器因为收手得快，因此并没有受到任何损失。由此可以看出，凡事都必须适可而止，否则反受其害。

物极必反，还有的人可能掉进陷阱或见别人掉进陷阱多了，便看见前面的路处处都是陷阱。

对于经营者来说，不景气恐怕是谁都不愿意看到的。对于不景气，有的经营者自动退却了，有的经营者被压垮了，有的经营者挺住了，还有一些经营者巧妙地前进了。松下幸之助的松下电器公司，在 20 年代末的不景气中正属后者，"一枝独秀"，表现骄人。

松下公司为什么能如此呢？这有观念的原因，更有转身的诀窍。

首先，松下不以为不景气全然地坏。松下说不景气不坏，不过是说"更新"，是说"坏事可以变成好事"。松下指出："一般说来，不景气的时候，大家都会互相切磋思考，多方检讨反省。因此，不景气过后，比以前进步的地方更多。从这点来看，不景气可以说是一种不断更新发展的过程。"

如何使坏事变成好事呢？松下有以下的主张和实践：

不景气时，正好可以思考、反省、检讨、研究。这是坐而思，是有益的。对于不景气的缘由，对于克服不景气的方案等等，都可以思索。松下说，这一思索，可能好计划、好主意就会源源而出。

不景气时，正好趁停业而大肆整顿。许多人对付不景气的办法是停产减员。松下以为，停产是无可奈何的事情，减员则大可不必。如果担心浪费人力，那就找些事情来做：把平时忽略的技术培训搞起来，把平时怠慢的顾客格外照顾一下，把该检修的机器彻底检修一下……

不景气能培育人才。学习、教育是培训人才的一个方面，但实践中的历练是更为不可缺少的。平常的历练固然重要，困难时期的历练则更能成就人。这时，人们只有具备优良的心理素质和超常的智慧和能力才能走出困境，所以也就更有利于人才的成长、成熟。不仅对于高级职员如此，对一般员工也是如此。

不景气中创造新产品。松下指出，在过去的日子里，每当遇到困难就有新产品出现的例子，在松下公司不胜枚举。

在别人因为不景气而停止不前的时候，可以脱颖而出。松下的一位经营建筑业的朋友竹中藤右门，在不景气的 1957 年，却兴建了一幢大楼。不景气，正是转向翻身的时候，平常可能伤筋动骨的事情，此时可以干了。松下说："在景气的时候实施经营改革，往往不是件容易的事。但在不景气的时候反而简单，因为公司员工比较听话。一般人的心理总是认为这么景气好，没有什么需要改革，所以不大理会长的话。因此，在不景气时，将计划改革的方案马上付诸实施，这样才能收到事半功倍的效果，这也是有心的经营者应该善加考虑的一种改革方法。"

不景气使生意更好。景气时，也许会出现卖方市场。不景气时，则是绝对的买方市场，消费者会更加挑剔。因此，平时商品品质好、服务又周到的商家，不仅会吸引到顾客，还会招徕新顾客，因而生意也更红火。

是进是退，关键在于分析大局，把握时机。然而，这都是不容易的。松下认为，准确地把握时机，全靠第六感觉。这并不神秘，因为这种第六感觉是经过长期的修炼得来的，是历尽沧桑而获得的心得。特别是对于"船大难掉头"的大公司来说，更要如履薄冰，及时悟道。对此，松下的经验是：经常向前辈、批发商、零售商、顾客等讨教，以他们的观点来检讨自己的想法。能拜一些这样的有丰富"战斗"经验的人为师，是相当重要的。

以上种种，不是设想，而是事实。因此，松下认为不景气在某种程度上不坏，反而倒好。长时间的顺利，倒很可能是危险的。因为长时间的顺利会使人乐观而满足，松懈而大意，如果经营者不能持有谦虚谨慎的态度和高度的警觉，一遇到些微小的坎坷和波折，就会翻船。

多方听取意见，擦去蒙在眼睛上的灰尘

做生意需要决断，需要不失时机地迅速行动，但这并不意味着可以一意孤行。先多听不同渠道的意见，可以让自己看得更全面、更深入。

1986 年动工兴建、1987 年 5 月 1 日之前产出了啤酒的某县啤酒厂，并没有因为啤酒卖得好、挣了钱而自满，决定利用 1987 年秋冬淡季进行扩建。

厂长的意见一发表，立即招来了非议。尤其是厂领导集团中的副职们，全数反对。基本意见有两种。

一是一个县里的啤酒厂，一万吨生产能力已经可以了，而且由于工人少，管理方便，只管赚钱就行了。

另一种意见是，先停顿个一二年，积累生产经营和管理的经验，而后再适时扩建。

持这两种意见的副手们都举例说：本地十几家啤酒厂，都比该啤酒厂建厂早，效益也好，但却没有一家考虑扩建。

厂长明明白白地意识到，小啤酒星罗棋布、相互残杀的"春秋时代"很快就会结束的，有相当规模的中大型啤酒厂进行市场较量的"战国时代"很快就会到来。

搞啤酒，没有一定规模，是不会有效益的，只能等着被别人挤垮，或者吞并。

于是，厂长不顾副手们的坚决反对，毅然决断：把啤酒厂扩建到 2 万吨，准备随后再扩建到 5 万吨。

这就是该啤酒厂后来发展的图景：从 1987 年起，每年秋冬啤酒淡季，都要进行扩建，从 1 万吨到 2 万吨，到 5 万吨，到 8 万吨，到 12 万吨，到 15 万吨，到 22 万吨，直到中外合资之前。

连续扩建的结果，这个啤酒厂发展壮大了，根子扎深了，立足稳当了，只税金，一年就上交国家近 1 个亿。

与此同时，当地的十几个啤酒厂，垮台了一大半，另外少部分在艰难地维持。虽然后来有几个啤酒厂也开始扩建，但为时已晚。

意见多了，就会产生分歧，如果决策者觉得这个意见好，那个意见也不错，在其间摇摆不定，那么意见的作用就不是帮人擦亮眼睛，反而进一步蒙上了你的眼睛。如果从别人的意见尤其是不同意见中吸取有益因子，或作为决策的佐证，或补充不足，或修订细节，或进一步论证和调查，意见就能起到应有的作用，真正让你的眼睛明亮起来。

第八章

你吃甜枣我吃梨

谋绝的第二层功夫概以一个"让"字，即让你的合作者甚至对手也要赚到钱。让，是一种气度，更是一种智慧。老祖宗教导我们和气生财，如果总琢磨着通赚包吃，其结果很可能赔个底朝天。谨记：当你享受一个梨子时，至少要让别人吃到一枚甜枣。

帮别人的忙就是帮自己忙

生意场上混久的人，多对"帮忙"二字越来越陌生：大忙不想帮，小忙不屑帮，各做各的生意谁帮谁？他们忽略了人与人关系中的一个基本准则：与人方便自己方便，帮别人的忙就是帮自己的忙。

胡雪岩做生意总把看似生意之外的一些大事放在重要地位，即使因此自己要付出一些代价，他也在所不惜。比如杭州战后的善后赈济。杭州被清军收复的消息一传到上海，胡雪岩就立即动身赶赴杭州，参加杭州繁忙的战后赈济工作。

为了尽快稳定时局，胡雪岩首先做的一件事，就是将一万石大米无偿捐献给杭州官军，用于军粮和赈济灾民。一年多以前，杭州被太平军包围，历时数月以至弹尽粮绝，甚至到了人吃人的地步。胡雪岩受当时已任浙江巡抚王有龄的委托，冒死出城，到上海筹款购得两万石大米，又冒死将其中的一万石运往杭州。只是由于杭州城被太平军围得铁桶一般，又没有足够兵力打开一条入城的通道，胡雪岩带来的运粮船只能停在杭州城外的钱塘江望城兴叹，绝望之中的胡雪岩只好将米运往当时也刚刚经过大战劫难的宁波。胡雪岩捐献杭州的就是这批大米。

当初胡雪岩将这批大米运往宁波时，宁波刚刚被官军攻下，城中难民无数，粮食奇缺，这一万石大米刚好救急，只是当时接受这批大米的米行开价付款时胡雪岩却分文未要，仅仅提出了一个要求：这批大米算是临时出借，将来不管什么时候，只要杭州收复，无论如何必须在二天之内以等量大米归还。

用商人的眼光来看，这等于将一大笔钱白白地"搁"在那里。可就当时的实际情况看，太平军在东南地区势头正猛，杭州收复似乎是遥遥无期。即便三五年内杭州可望收复，这么长时间，利上盘利，一石米也可能变得不止两三石了。但是胡雪岩有自己的想法和打算，一方面，在他的心中，这一万石米是杭州军民百姓的救命米，虽说自己尽了力，但终归没能运进城里去救活人，他不能拿着等于是杭州军民性命的大米去赚钱。

另一方面，他相信不管怎样，杭州总有被官军收复的一天。那时，早一天运去粮食，也就可以多救活一些人，他要留着米在那里，杭州一旦收复，就可以随时启用，以防万一，到时如果粮食不凑手，误了大事，自己又会留下极大的遗憾。

胡雪岩如此行事，从他个人的角度来说，确实也是出于尽心乡梓的诚意而做出的义举。当初冒死出城采购大米，又冒死将大米运抵杭州城下，就是希望能为赈济乡梓饥民尽一份力，这诚意确实不容怀疑。也正是从这里，我们可以看到胡雪岩的为人。不过，客观说来，从商人的用心来看，他要用这一万石大米为自己能重新在杭州站稳脚跟"垫"底，也是不争的事实。事实也确实如此，胡雪岩把这一万石大米捐献杭州，立即使他在杭州士绅和百姓中名声大振，甚至还得到了倔强敢为而素有"湖南骡子"之称的左宗棠的赏识，被委以负责杭州善后事宜的重任，而在此之前，左宗棠本来是准备上奏朝廷以贪污粮款的罪名严惩胡雪岩的。在胡雪岩看来，杭州战后的当务之急就是振兴市面。而市面要振兴，要兴旺，关键在于安定人心。安定了人心，市面也就随之安定了，不用说，民以食为天。杭州战后粮食缺乏，只要粮食不起恐慌，人心就容易安定。人心安定，市面平静，五行八作又恢复了自己的秩序，人们才能放心大胆地出来做生意。作为一个商人，能为安定市面尽一些力，于公于私，都有好处。所以，对于胡雪岩来说，献出这一万石大米，"这是救地方，也是救自己"的大好事。

这也就是胡雪岩不同一般的洞察时势的眼光之所在，正因为有这样不同一般的眼光，胡雪岩总是十分热心公益，比如他定下的药店送药的规矩；比如他把典当当成穷人的钱庄；比如他要求刘庆生只要是能帮助朝廷平息战乱的事情都要做。其中都有帮助维持市面平静的存心。胡雪岩就是要通过自己的努力，帮助维持局势的安定，保持市面的平静，以从稳定的局势和市面中利用自己的关系大赚其钱。

当然，局势是否安定，许多时候并不是商人可以做得了主的，也不是光靠商人就能维持得住的。但是，商人应该有帮助市面安定平静的自觉，要能够想到在可能的时候，特别是自己赚了钱，甚至赚了大钱有能力去做的时候，去做一点帮助维持市面的事情。因为，胡雪岩认为："做生意就要这样，帮官场的忙，就等于帮自己的忙。"

一般来说，有钱人都想维持市面的平静，而穷人则有不少人希望乘乱起事，趁火打劫。历史上的人祸战乱，差不多都起源于星星之火。因此，对于商人来说，帮助维持一方市面的平静，既是帮官府和地方，也是帮自己。深明此理的胡雪岩常说："做生意赚了钱，要做好事。我们做好事，就是求市场平静。"胡雪岩说要做好事，绝不玩虚的，而是真的常做好事。

他对于行善做好事，常常是能做就做，而且从来都是不遗余力，决不吝啬。而他尽力去做的，往往都是有利于平民百姓的实实在在并且非常实惠的好事。

比如胡雪岩在湖州的大经丝行开张不久，七月里他到了湖州。一到湖州，胡雪岩就吩咐他的丝行"档手"黄仪做一件能够给人以实惠的好事："做生意第一要市面平静，平静才会兴旺，我们做好事，就是求市面平静。现在正是'秋老虎'肆虐的时节，施茶、施药都是很实惠的好事。"胡雪岩向来做事果断，所以马上吩咐黄仪："老黄，说做就做！今天就办。"

黄仪知道胡雪岩的脾气，做事要又快又好，钱上面花多花少不在乎，于是当天就在大经丝行门前摆出了一座木架子，木架子上放了两口可装一担水的大茶缸，装在茶缸里的茶水还特意加上清火败毒的药料。茶缸旁边放上几个安了柄的竹筒当茶杯，路人可以随便饮用。另外，丝行门上还贴了一张崭新的梅红笺广告，上写"本行敬送辟瘟丹、诸葛行军散，请内洽索取。"

如此一来，大经丝行门前一下子就热闹起来，一上午就送出去两百多瓶诸葛行军散，一百多包辟瘟丹。负责丝行经营的黄仪深以为患，晚上专门来找胡雪岩诉苦，一怕如此下来花费太多，难以为继，二怕前来讨药的人太多，影响丝行生意。

但胡雪岩却仍然坚持照此办理不辍。他的意思很明确，施茶施药是件实惠的好事，既已开头，就要坚持做下去，再说"丝已收得差不多了，生意不会受大影响，前来讨药的人虽多，实际也花不了多少钱。第一天人多是一定的，过两天就好了，讨过药的人，不好意思再来讨。再说，药又不是银子，越多越好。不要紧！"

事实上，胡雪岩坚持施茶送药，不仅成了他的丝行收丝时节保留的节目，而且后来还扩大到药店。不仅如此，他还做了许多好事，比如出资修建码头，就是一大善举。

胡雪岩曾在杭州城里修建义渡码头，这是一个施惠于四方百姓的善举。当时，杭州钱塘江没有一座桥梁，与杭州隔江相望的绍兴、金华等统称"上八府"一带的人要到杭州城里来，必须从西兴摆渡船，到杭州望江门上岸进城。从西兴摆渡过江，不管是"上八府"的人到渡口，还是下船上岸的人进城，陆路都要绕道而行，而从西兴到望江门码头，水路航程长，风浪大，很容易出事。胡雪岩生长在杭州，这些情况当然是知道的，据说他早就有设义渡的想法，但在他发迹以前，自然不会有力量来完成这桩心愿。胡庆余堂开办之时，他的资产已达数千万两白银，这时胡雪岩做的第一件事，就是修义渡。胡雪岩亲自查勘选址，亲自监督施工，在杭州三廊庙附近江面较窄的地方，修起一座义渡码头。让过往的人直接由鼓楼就近入城。

而且还出资修造了几艘大型渡船，既可载人，还可载渡骡马大车。胡雪岩规定，所有客船过渡，全部免费。四方百姓无不拍手称好。

据史料记载，胡雪岩的一生的确做了许多好事，有些事情都变成成规定例，比如时值战乱年景，他开设粥场，发米票，天寒地冻之时施棉衣……直到他面临破产的那一年，也没有中断。

胡雪岩做的这些好事，使他在江浙一带获得一个响当当的"胡大善人"的名声。

胡雪岩为一个"善人"的名称如此散财施善，似乎有些让人不好理解。因为生意人将本求利，一分钱的用度总是有一分利的回报才是正理，连胡雪岩自己都说："商人图利，只要划得来，连刀口上的血都敢舔。"而且"千来百来，赔本买卖不来。"散财施善，分文不取，用自己从刀口上"舔"来的血仅仅换来一个"善人"的虚名，何苦呢？社会上，真正像胡雪岩那样赚了钱能去做好事、善事者，实际上为许多生意人所不为。

其实，胡雪岩说做生意赚了钱要做好事，正显示出他的超出于一般人的见识和眼光。他做好事，无疑有他的行善求名，以名得利的功利目的，比如他自己就说过："好事不会白做，我是要借此扬名。"胡雪岩做好事，也的确并不是与自己的生意一点联系都没有。比如他修建义渡，实际上就是与他的药店生意有关系，胡雪岩的胡庆余堂药号建在杭州城里河坊街大井巷，原来光顾药店的都是杭嘉湖一带所谓"下三府"的顾客。

　　义渡码头建成之后，从义渡码头进到杭州城里，必须经过河坊街。这义渡码头不仅为胡雪岩扬了名，同时也为来来往往的"上八府"的人直接到胡庆余堂购药创造了条件，等于是无形之中扩大了胡庆余堂的市场。不过，胡雪岩做好事还有一个十分明确的目的，那就是"做生意第一要市面平静，平静才会兴旺"，因此，他做好事也是在"求市面平静"，是为他利用官场势力赚钱创造条件。

　　从做生意的角度来看，生意人有了钱想着去做点助穷济困的好事，其实也是为自己更好地做生意创造条件。比如因为自己的帮穷济困，使一部分陷入饥寒落入困顿的人得到某种必要的救助，起码能起到一定的安定社会、平静市面的作用，为自己商务活动的正常开展创造一个较好的外部环境。

也要让竞争对手得到好处

　　市场这么大，任何人有再高明的手段也不可能独揽全部的利益。即便对于竞争对手，该让的还是要让，因此在生意场上是没有绝对的敌人的。

我们说，商场犹如战场，但毕竟不是战场。战场上敌对双方不消灭对方就会被对方消灭。而商场赛场不一定如此，为什么非得争个鱼死网破、两败俱伤呢？

大自然中弱肉强食的现象较为普遍，这是出于他们生存的需要。但人类社会与动物界不同，个人和个人之间，团体和个体之间的依存关系相当紧密，除了战争之外，任何"你死我活"或"你活我死"都是不利的。

胡雪岩准备开办阜康钱庄，当他告诉信和钱庄的张胖子"自己弄个号子"的时候，张胖子虽然嘴里说着"好啊"，但声音中明显带有做作出来的高兴。为什么呢？因为在胡雪岩帮王有龄办漕米这件事上，信和钱庄之所以全力垫款帮忙，就是想拉上海运局这个大客户，现在胡雪岩要开钱庄，张胖子自然会担心丢掉海运局的生意。

为了消除张胖子的疑虑，胡雪岩明确表态："你放心！'兔子不吃窝边草'，要有这个心思，我也不会第一个就来告诉你。

海运局的往来，照常归信和，我另打路子。"

"噢！"张胖子不太放心地问道："你怎么打法？"

"这要慢慢来。总而言之一句话，信和的路子，我一定让开。"

既然胡雪岩的钱庄不和自己的信和抢生意，信和钱庄不是多了一个对手，而是多了一个伙伴，自然疑虑顿消，转而真心实意支持阜康钱庄。张胖子便很坦率地对胡雪岩说："你为人我信得过。你肯让一步，我见你的情，有什么忙好帮，只要我办得到，一定尽心尽力！"在胡雪岩以后的经商生涯中，信和钱庄给了他很大的帮助，这都要归功于他当初没有抢了信和生意的那份情谊。

甚至对于利润极丰的军火生意，胡雪岩也都是抱着"宁可抛却银子，绝不得罪同行"的准则。军火生意利润大，风险也大，要想吃这碗"军火"饭并不是一件容易的事。胡雪岩凭借他已有的官场势力和商业基础，并且依靠他在漕帮的势力，很快便在军火生意上打开了门路，走上了正道，着实做了几笔大生意。这样，胡雪岩在军火界也成了一个头面人物了。

一次，胡雪岩打听到一个消息，说是外商又运进了一批性能先进、精良的军火。消息马上得到进一步的确定，胡雪岩知道这又是一笔好生意，做成一定大有赚头。他马上找到外商联系，凭借他老到的经验、高明的手腕，以及他在军火界的良好信誉和声望，胡雪岩很快就把这批军火生意搞定。

然而，正当胡雪岩春风得意之时，他听商界的朋友说，有人在指责他做生意"不地道"。原来外商此前已把这批军火以低于胡雪岩出的价格，拟定卖给军火界的另一位同行，只是在那位同行还没有付款取货时，就又被胡雪岩以较高的价格买走，使那位同行丧失了几乎稳拿的赚钱机会。

胡雪岩听说这事后，对自己的贸然行事感到惭愧。他随即找来那位同行，商量如何处理这件事。那位同行知道胡雪岩在军火界的影响，怕胡雪岩在以后的生意中与自己为难，所以就不好开列什么条件，只是推说这笔生意既然让胡老板做成了就算了，只希望以后留碗饭给他们吃。

事情似乎到这一步就可以这么轻易地解决了，但胡雪岩却不然，他主动要求那位同行把这批军火以与外商谈好的价格"卖"给他，这样那位同行就吃个差价，而不需出钱，更不用担任何风险。事情一谈妥，胡雪岩马上把差价补贴给了那位同行，胡雪岩的这一做法不仅令那位同行甚为佩服，就连其他同行也都非常钦佩。

如此协商一举三得，胡雪岩照样做成了这笔好买卖；没有得罪那位同行；博得了那位同行衷心的好感，在同业中声誉更高。这种通达变通的手腕日益巩固着胡雪岩在商界中的地位，成了他在商界纵横驰骋的法宝。

不抢人之美，是胡雪岩做人处事方式的基本准则。他一直恪守这一准则，不仅在商场，就是周旋官场也是如此。

胡雪岩在外经商多年，尽管自己不愿意做官，但和场面上人物来往，身上没有功名显得身份低微，这才花钱买了个顶戴，后来王有龄身兼三大职务，顾不了杭州城里的海运局，正好胡雪岩捐官成功，王有龄就说要委任胡雪岩为海运局委员，等于王有龄在海运局的代理人。

对此，胡雪岩以为不可。他的道理也很简单，但一般人就是办不到，其中关键，在于胡雪岩会退一步为别人着想。胡雪岩告诉王有龄，海运局里原来有个周委员，资格老、辈分高，按常理王有龄卸任，应由周委员替代才是，如果贸然让胡雪岩坐上这个位子，等于抢了周委员应得的好处。反正周委员已经被他收服，如果由周委员代理当家，凡事肯定会与胡雪岩商量，等于还是胡雪岩幕后代理。既然如此，就应该把代理的职位赏给周委员。

这样一来，胡雪岩既避免了将周委员的好处抢去，也避免了为自己树敌。所以说，他的"舍"实在是极有眼光、有见地的高明之举。

利用同样的做人观念，胡雪岩还曾帮了王有龄一次。王有龄官场得意，身兼湖州府知府、乌程县知县和海运局坐办等三职，王有龄在四月下旬接到升迁派令，身边左右人等纷纷劝他，速速赶在五月初五端午节前接任视事。之所以会有这样的建议，理由很简单：尽早上任，尽早搂到端午节的"节敬"。

清代吏制昏暗，红包回扣、孝敬贿赂乃是公然为之，蔚为风气。风气所及，冬天有"炭敬"，夏天有"冰敬"，一年三节还另外有额外收入，称为"节敬"。浙江省本来就是江南膏腴之地，而湖州府更是膏腴中的膏腴，各种孝敬自然不在少数。

王有龄四月下旬获派为湖州知府，左右手下各路聪明才智之士无不劝他赶快上路，赶在五月初五之前交接，就是为了刚上任就能大搂"节敬"。

王有龄就此事询问胡雪岩的意见，胡雪岩却说："银钱有用完的一天，朋友交情却是得罪了就没得救！"他劝王有龄等到端午节之后，再走马上任。

胡雪岩之所以这样建议是有多方面考虑的，王有龄不是湖州的第一任知府，在他之前还有前任，别人在湖州府知府衙门混了那么久，就指望着端午节敬。王有龄当然可以在端午节前接事，抢前任的"节敬"，大面上说也是名正言顺，可是，这么一来，无形中就和前任结下梁子，眼前当然没事，但保不准什么时候就会发作。要是将来在要命的关键时刻发作，墙倒众人推，落井猛石下，那可就划不来了。

胡雪岩非常明白，江湖上有云："你做初一，我做十五；

你吃肉来我喝汤。"这意思是说，好处不能占绝，干事情不能吃干抹净，一点后路都不给别人留。人家前任知府已经被扫地出门，心里就够沮丧的了，你新官上任之际，春风得意，总得替人家想想，送对方一顿"节敬"，自己没损失什么，却颇能让别人见情，何乐而不为呢！

胡雪岩不抢同行的饭碗，并非回避竞争与冲突，而是舍去近利，保留交情，从而带来更长远、更巨大的商业利益。

即使对利用和坑害自己的人也尽量不结怨

商场上最忌环环相报，你玩了我，我再玩你，最后两败俱伤。结了的怨你肯用心去解，坏事反能变好事。

有这样一件事，让我们不能不佩服胡雪岩做生意的肚量。

为了浙江防务，胡雪岩曾建议王有龄向洋人购买洋枪，而且胡雪岩与洋人已经大体议定每支二十五两银子（其中五两为中间人的"好处"）上下的购进价格。不料想，浙江炮局坐办龚振麟父子走了浙江巡抚黄宗汉三姨太的路子，横插了一杠子，以每支三十二两银子的价格与洋人签了购买一万五千支洋枪的合同。

听了这个消息，胡雪岩大为诧异。买洋枪本是他的创议，如果试用满意，大量购置，当然是他原经手来办，何以中途易手，变成龚家父子居间？而且一笔生意，每支枪起码有十二两的虚头，一万五千支就是十八万两银子，回扣还不包括在内。

以胡雪岩的为人和性格，自然是不会听之任之的。胡雪岩与朋友嵇鹤龄、裘丰言周密筹划，上下疏通，由裘丰言出面向龚家父子展开攻势，终于迫使他们就范，同意拿出五千支由裘丰言经手，每支三十二两的价格不变，但他们只要每支二两的手续费。如果这样，就等于他们让出了五万两银子的好处。

胡雪岩认为不能要这五万银子，因为这不是一笔小数，等于是剜了对方的心头肉，为了钱让对方记恨自己划不来。事实上按当时的情况也已经得不到这五万银子的好处了，因为以裘丰言经手的洋枪每支的向上报价是二十五两，好处减半只有二万五千，除掉抚台衙门的一万，实落只有一万五。就这一万五胡雪岩建议派作三股，裘丰言得两股，剩下五千给龚家父子，而自己和嵇鹤龄则分文不要，黄宗汉愿意戴多少"帽子"随他自定。

胡雪岩如此处理这桩生意也许会有人不理解。本来是自己的生意，被人抢去如今再夺回来，从道理上讲，这笔生意的好处胡雪岩无论如何都是可以而且也应该拿的。再说做生意就是为赚钱，到手的钱而且应该说还是该拿的钱却不拿，自然是让人不好理解。但胡雪岩却有自己的道理，那就是钱要拿得舒服。拿了以后会不舒服的钱，即使该拿也宁可不拿。

什么钱拿了会不舒服？简单地说，就是那些拿了会留后患、会带来不良后果的钱。比如这笔军火生意中的好处，就是可能拿得不舒服的钱。因为在胡雪岩看来，龚家父子之所以最终肯剜去自己的心头肉让出五万银子的好处，实际上是在自己的强烈攻势之下迫不得已的忍痛牺牲，拿了这笔好处，就等于与对方结下大怨，对方心怀怨恨，以后寻机报复，这也就等于虽得一钱却为自己埋下一颗说不定什么时候会爆炸的"定时炸弹"，留下极大的隐患，实在不划算。这是一笔拿了会得罪同行、结怨于同行的钱，虽然有可拿的道理，胡雪岩也是宁可不拿，也不能得罪人。

胡雪岩的这一番考虑确实有道理。事实上在这桩生意的整个运作过程中，龚家父子本就已经对胡雪岩心存怨恨，正是由于胡雪岩的这一番化解，使龚家父子不仅知道胡雪岩的手段厉害，而且也知道胡雪岩是一个做事极"漂亮"的人物，由怨恨而至钦服并成为胡雪岩生意场上的朋友，并且马上在胡雪岩的钱庄存进八万银子的公款。

由此看来，做生意虽然是为了赚钱，但赚什么样的钱以及赚钱后果也确实是不能不谨慎考虑的。烫手的钱即使再多也不能耍，这个原则任何一个生意人都应该记取。

胡雪岩经常说："钱要拿得舒服，烫手的钱不能用。"那么，哪些钱属于会烫手的钱呢？不同的人大概会有不同的看法。但总的说来，会烫手的钱，不外乎包括以下三类：

第一类是会触犯法律的钱，如靠走私贩毒等非法手段赚来的钱，也就是我们通常所说的"黑钱"，肯定是烫手的钱。赚这种黑钱于法于理都不容，必将招来灾祸，受到惩罚。为身外之物而冒被囚禁甚至掉脑袋的风险，无论如何都不划算。

第二类是以损人利己为后果，靠坑害同行同业或蒙骗欺诈赚来的钱，比如龚家父子在军火生意上斜插一杠想要赚取的钱，也是会烫手的钱。这类以损害他人利益的手段赚取的钱财，本质上与前一类没有太大的区别，既违背了商场交易必须互利互惠的原则，也践踏了人自身应该遵循的基本道德准则。

而且，加害于人，必招报应，赚这种钱也会为自己种下招祸的根由。

第三类是那种既不违法同时也有正当的理由去拿，但拿了却有可能得罪同行或朋友，结怨于他人的钱。比如胡雪岩在军火交易中硬从龚家父子那里挖出来的钱。

一般来说，这三类当中，对于前两类，人们比较容易从理性上看得很清楚，而且大多数人也能明确知道并尽可能约束自己按规则办事。但对于第三类，人们则常常看不清楚，有时即使看清楚了，也常常很难主动放弃。应该说这是可以理解的。一方面，这类钱的获取并不涉及法律问题，也不是直接以不正当手段损害他人。另一方面，商人图利，而且应该图利，一个优秀的商人在别人看来赚不到钱的地方都要设法挖出银子来，何况有现成的钱好赚呢？更何况还有赚这"现成"钱的正当理由呢？

这里确实需要能够设身处地，将心比心，需要有为他人着想的自觉意识。

胡雪岩的竞争哲学是，宁失利益，不失关系。哪怕这个关系仅仅是维持和平共处的关系，因为钱失了再多也能挣回来，而一个关系一旦缺失就很难弥补，这样一个破裂、结怨的关系就如同一把宝剑悬在头顶，其不经意的一击就可能把你所拥有的一切都断送掉。

雪中送炭强过锦上添花

> 道理很简单，锦上添花人人都会，只要有"花"就行；雪中送炭却要冒一定的风险，所以"添花"者人众，"送炭"者影单。唯其如此，更显得珍贵，更容易被人所感恩。

人际关系也存在着"成本"，使用方法和时机得当，则能降低成本或不用投入也可获得人心。比如，捐助、义卖、让利等等公益活动，表面上资助非营利甚至"倒贴"的社会公益事业，"无私地"

奉献出爱心，实际上所起的广告效应，会远远大于同等成本的"硬性"广告。并且，"硬"广告，只是让人知道，而"软"广告却在出名的同时获得好感与支持。

由于李嘉诚在塑胶业的实力及声誉，他被推选为香港潮联塑胶制造业商会主席。

在此任上，李嘉诚做了一件功德无量的事，至今为香港商界传作佳话。

1973 年，石油危机波及香港。香港的塑胶原料全部依赖进口。香港的进口商趁机垄断价格，将价格炒到厂家难以接受的高位。

年初每磅塑胶原料是 6 角 5 仙（分）港币，秋后竟暴涨到每磅 4 至 5 港元。

不少厂家被迫停产，濒临倒闭。

李嘉诚其时的经营重心已转移到地产上，因此，这场塑胶原料危机，对他影响不大。况且，长江公司本身有充足的原料库存。

李嘉诚毫不犹豫挂帅救业。在他倡议和牵头下，数百家塑胶厂家入股组建了联合塑胶原料公司。

原先单个塑胶厂家无法直接由国外进口塑胶原料，是因为购货量太小。现在由联合塑胶原料公司出面，需求量比进口商还大，因此直接交易。

所购进的原料，按实价（其实并不高，只是被进口商炒高了）分配给股东厂家。在厂家的联盟面前，进口商的垄断不攻自破。

笼罩全港塑胶业两年之久的原料危机，一下子烟消云散。

李嘉诚在救业大行动中，还将长江公司的 12.43 万磅原料，以低于市价一半的价格救援停工待料的会员厂家。直接购入国外出口商的原料后，他又把长江本身的配额——20 万磅，以原价转让给需量大的厂家。

危难之中，得到李嘉诚帮助的厂家达几百家之多。

李嘉诚被称为香港塑胶业的"救世主"。

俗话说，患难见真情。佛家更说，救人一命胜造七级浮屠。

李嘉诚救人危难的义举，为他树立起崇高的商业形象，他的信誉和声望义薄云天。信誉和声望无疑又会回馈他无尽的生意和财富。

我们且不论李嘉诚是否有更高层次的思想意识，我们就以商论商，李嘉诚此举，无疑是经商的上乘之作。

由此我们不难悟出，当业中同行需要你施以援手，而你又有能力时，你该怎么办？

落井下石，踩沉对方，你可以少一个竞争对手。但切不可忘记，即使你真能扼杀了对方，总会有新的竞争对手崛起。一个人不可以独霸一个行业的。正如"野火烧不尽，春风吹又生"，一个人是赚不完所有的钱的。更兼风水轮流转，何日又到你家呢？

正确的取向是，应该从李嘉诚的行为中汲取精义。救人于危难倒悬，不但赢得了人缘、信誉及声望，你的形象实际上为你日后创大业赚大钱埋下了伏笔。不仅是积善积德，就是在商言商，你日后的所得势必要超过你的付出。以李嘉诚而言，一个被称为"救世主"的人，谁不愿意和他做生意呢？

另外，如果能在作人情的过程中，把他人的利益放在明处，将自己的实惠落在暗处，不但会达到自己的目的，而且可以获得对方的人情，可以名利双收，"甘蔗可以两头甜"。

1987 年 10 月 1 日，香港股市恒生指数飚升到历史高峰的 3950 点。

牛气冲天，正是售股集资的大好时机。

此前，9 月 14 日，李嘉诚宣布长实系四间公司——长实、和黄、嘉宏和港灯合计集资 103 亿港元。这是香港证券史上最大一次集资行动。

长实系发行的新股，将由 5 家证券经纪公司包销，向公众发售。

10 月 19 日，美国华尔街股市突然狂泻 508 点，造成香港股市恒指暴跌 420 多点。这场股灾毫无预兆，其突发性令全球股市行家及学者大惑大迷。

10 月 26 日，香港股市恒指更暴挫 1121 点，全面崩溃。

当时，5 家包销商所拟定的供股价都较市价高出 30％以上。

根据协约规定，长实系的大股东或控股公司与 5 家包销商共同对半承担其责任。也就是各负责 51.5 亿港元。

结果，长实系 4 家公司的集资计划大功告成。

李嘉诚靠他的机灵，更靠他的运气，侥幸躲过这场始料不及的股灾浩劫。

长实系上市公司市值下跌，但实际资产依旧。而包销商则欲哭无泪——他们必须承担包销的风险。

股灾中，李嘉诚首先站出来"救市"，他以大局为重，认购了数亿股票支持股市。

这就是被有关传媒评价的"百亿救市"行动。李嘉诚在这次股灾中，再次扮演了白衣骑士的角色。

第九章
为将来买单

谋绝的第三层功夫概以一个"远"字，所谓人无远虑，必有近忧，商人往往见利忘义，而为商之道又最忌见利忘义，只见眼前，不及长远。我们说要学猎人，因为猎人的聪明之处在于他讲究"不涸泽而渔，不焚林而猎"，也就是为自己预留后路。当你数着眼前白花花的银子喜笑颜开时，别忘了分其一二为你的未来买单。

做生意不能只盯眼前那点利

> 有的人做生意既看着盆里的，又盯着锅里，所以在这一锅粥里，他总能吃得最多。

正所谓眼睛只在一盆，利益也只能局限于眼前那一点。

真正精明的商人更善于从长计议，为未来打算。

瑞士巴塞尔市的霍夫曼·拉罗什多年以来一直是世界最大的而且很

可能是获利最丰的制药公司的创始人。当人们看见这家公司日进斗金财源滚滚的时候，却很少有人知道，他为成功足足等待了 60 年。

20 世纪 20 年代中期以前，霍夫曼·拉罗什公司不过是一家非常不起眼的小公司，作为一个苦苦挣扎的小商品生产商，他经营几种纺织染料。它在一家庞大的德国印染制造商和两三个国内的大型化学公司的夹缝中苟延残喘，处境艰难。

必须找到新的增长点，否则企业的败亡迟早会到来。

霍夫曼·拉罗什把赌注押在了当时新发现的维生素上。这不仅意味着长远的等待，也意味着绝大的风险，因为甚至连当时的科学界还没有完全接受这种新物质的存在，更不用说把这种物质转化为商品进而转化为利润了。霍夫曼·拉罗什不仅买下了无人问津的维生素专利，还从苏黎世大学高薪聘来了维生素的发现者，报酬是大学教授的最高薪水的好几倍，也是世界从未出现过的高薪水。尔后，他倾其所有竭其所能把借来的钱都投在了这种新物质的生产和推广上。

60 年后，所有维生素的专利都到期了，霍夫曼·拉罗什也已经占据了世界近一半的维生素市场。现在，他的年收入达几十亿美元，已远非昔日的"吴下阿蒙"。

在霍夫曼·拉罗什的成功过程中，类似维生素这样的例子还有很多。20 世纪 30 年代，当他进军新的磺胺类药品市场时，当时大多数的科学家都"知道"此类药品不能有效地治愈传染病。而到了 20 世纪 50 年代中期，当他进军镇静剂、氯氮卓和安定片市场时，当时也是与"每一个科学家所知道"的相悖，然而却一次又一次地取得了成功。

一个无人问津的专利，60 年坚定不移的等待，看得长远的人敢于在危急之时放手一搏，甚至孤注一掷。

"为了理想，可以少赚，但不宜多赔"，在海外奋斗多年的华侨们常把这当做经商的秘诀，不过在必要的时候，他们也是敢于做赔本生意的。

在日本京都的闹市区，有一家中式的酒楼，近几年生意非常红火，同行人都纷纷投来羡慕的眼光，然而却没有几个人知道这家酒楼的发迹史。

这家酒楼的老板姓马，他最初开的是中药铺，一直经营得非常不错。当他决定改开酒楼时，俗话说"隔行如隔山"，许多朋友都劝他放弃这样愚蠢的念头，"舍掉了老本行不说，还偏偏想到竞争如此激烈的酒店业中分一杯羹，简直是不可思议。"

但马老板主意已决，不管别人怎么说，他开始了计划已久的经营。

马老板的酒店的确是与众不同，他以香港式的点心为中心的饮茶方式来经营。这更加引起了亲朋好友们的担心，因为在此之前有两家点心店刚刚关门倒闭。

开张营业后的一年多时间里，酒楼一直在赔钱。这时候，亲戚朋友们都开始嘲笑他，连他的太太也不断地抱怨，更有人干脆说他是个"败家子"。

成竹在胸的马老板回答得非常坦然："这都是意料之中的事情，一开张就赚钱的酒店成不了什么气候，如果做生意只盯着赚钱，时间长了，也就赚不了大钱！""我的方向是以创造优雅的气氛和优质的服务来吸引顾客，让他来一次就时时念着再来第二次。现在赔钱根本没什么可以担心的，过不了多久就一定会大把赚钱的，你们就等着瞧好吧！"

果然如此。一年后，他的生意日渐兴隆。而且顾客们也认为，就单是为了这么优雅的环境，多花一点也很值得。

这个时候，那些曾经反对和嘲笑过他的人，面对他蒸蒸日上的业务与源源不断的利润，都改变了过去的看法并十分佩服他先赔后赚的长远眼光。

学会做长线生意

> 做生意得有耐心，所谓放长线才能钓大鱼，春播一斗谷，等到秋天方可去收那一担粮，急功近利、拔苗助长做不成大生意。

机会不是你想有就有，有时候需要很长时间的等待，这需要耐心。

1988 年 1 月，李嘉诚全系长实、和黄、港灯、嘉宏 4 公司，向联合船坞公司购入茶果岭、鸭脷洲油库，即宣布兴建两座大型屋村，并以 8 亿港元收购太古在该项计划中所占的权益。这样，两大屋村地皮归长实系全资拥有。

　　两大屋村预算耗资 110 亿港元，又一次轰动港九。

　　茶果岭屋村定名为丽港城，鸭脷洲屋村定名为海怡半岛。

　　两大屋村盈利 100 多亿港元。

　　值得一提的是，丽港城、海怡半岛两大屋村的构想萌动于 1978 年李嘉诚着手收购和黄之时。之后，经历了长达 10 年的耐心等待、精心筹划，其间 1985 年收购港灯，使其构想向前迈了一大步，1988 年才推出计划。

　　因此，人们在称道"超人"过人的胆识与气魄之时，无不惊叹他锲而不舍的忍耐心。

　　李嘉诚是名副其实的"十年磨一剑"。

　　成大事者，很多时候不可操之过急，而应有足够的耐心等待机会和创造机会。这就是李嘉诚给我们的启迪。

　　早在 20 世纪 80 年代，李嘉诚就认识到了科技的力量，并悄悄着手在欧洲、美洲、亚洲乃至非洲构建自己的"通信王国"。1989 年，他开始在英国投资电信业，几年下来虽赢利不佳，但是这为他后来"卖橙"埋下了伏笔。1996 年李嘉诚重组在英投资，组建了 Orange(橙子) 公司在英国上市，李的总投资是 84 亿港元。

　　1999 年 10 月份，香港最轰动的财经新闻，要数李嘉诚和记黄埔集团成功出售英国电信公司 Orange(橙) 的 44.8% 的股权，此举不仅使和黄获得 1130 亿港元的巨额收益，同时也成为市值 7000 亿港元的德国最大流动电话公司曼内斯曼的单一股东，拥有的客户由原来的 350 万增至逾 3500 万，并可取得德国和意大利的电讯市场。和黄财务顾问高盛证券指出，此交易为全球有史以来的第 22 大合并收购。香港舆论则称其为香港公司前所未有的国际并购交易。

　　世界评论，此笔交易中，李嘉诚是零成本，而回报是 1100 多亿元的现金和大量的股权！这笔交易轰动全球，也改变了李嘉诚“地产大王”的形象。

　　1999 年 10 月初，海外媒体率先透露德国工业界巨头曼内斯曼正在洽购和黄旗下电信公司 Orange 的消息，最后由李嘉诚在此间举行的记者会上得到证实。和黄宣布同意对方有条件收购其所持有 44.8％的 Orange 股份，涉资 1130 亿港元 (146 亿美元)，以现金、票据及曼内斯曼股票支付。

　　据了解，曼内斯曼领导层来港与李嘉诚商讨收购事宜，六天之后，就达成了这项震动全球电讯市场的巨额交易。

　　这是一项被称为“有关各方皆蒙其利”的巨额交易。交易完成后，曼内斯曼不但成为欧洲最大的电信公司，市值七千亿港元，更重要的是为该集团电讯业务提供更为远大的发展前景。对和黄股东而言，除了二十八亿美元现金及为期三年的二十八亿美元票据的进账之外，还获得曼内斯曼扩大股本后百分之十的股权，成为该公司最大单一股东，同时也成为欧洲最大的 GSM 电讯经营商。

　　Orange 是和黄最为成功的投资典范之一。十年前，和黄注资五亿英镑收购 Orange 发展电讯事业，眼下 Orange 已位居英国第三大电信公司，同时为以色列、香港及澳大利亚提供电讯服务。后来，和黄通过出售部分 Orange 股权取回全部投资成本，故这次的千亿港元交易全为投资利润。

　　有关收购的消息传出后，长实系股价闻风而动。和黄当日收市报港币七十六元五角，升幅总达 9%，连带其控股公司长江实业也获益匪浅，股价自三日前的五十八元升至当日收市的六十七元五角，飙升达一成以上。

1989 年，和黄通过收购一家英国电信公司，涉足英国电讯市场，但却出师不利，处于长期亏损状态。当时和黄在英国推出的 CT2 电讯服务，名为 RABEIT（兔子），由于只能打出，不能打入，较同期其他技术逊色，因此不能吸引更多的客户，其产品模拟式电话价格迅速下跌，"兔子"只好宣布死亡，和黄也身受重伤，为此撇账 14.2 亿元。

但这次卖"橙"的成功，是和黄历史上最重要的一项交易，引起海内外市场的轰动，也引来无数人的羡慕，大家都想知道和黄集团主席李嘉诚经商的"秘诀"。在卖"橙"的记者会上，李嘉诚的一句话或许能给人以启示。他说：电讯业务是未来集团的发展重点，他已知道五年后和黄要做什么。同时，李嘉诚之子、和黄集团副主席李泽钜也谈到，做生意的时间规限是五年、十年，不是一年、两年，长实有些项目也是七年才有收成。可以说，着眼于未来、善于把握趋势是和黄成功的主要原因之一。

耐心在这里不仅仅是一种个人性格，而且是对商机及其运作了然于心之后的积极等待，等待最好的、于己最有利的出手时机，正如胡雪岩所言："事缓则圆，不必急在一时。"

胡雪岩经常说："做事不能碰运气，要想停当了再动手。"

胡雪岩第一桩生丝生意的运作成功，可以说是事缓则圆，在等待中寻找战机，得以成功的范例，是完全想停当了再动手，从而大获其利。

　　商事运作中，经营者的主动性自然是很重要的，优秀的商人一定要懂得从不同的角度来利用已有的条件，等待最佳的时机。甚至要善于在各种因素不利于自己的时候，设法改变不利因素，使之对自己有利。这就是我们常说的所谓创造条件。

　　但有些条件却往往是人力无法创造的，比如在大多数情况下，政局的变化、市场的整体格局就并不是一个或几个商人所能决定的。这时候所能做的，往往也只能是像胡雪岩所说的那样"不必急在一时"，等待时机，待机而动。

不景气中的景气做法

　　做生意不可能永远顺利。决定一个生意人成功与否的，往往是不顺利、不景气时的态度和决策。

　　即使在相当景气的时候，也有因经营不善而倒闭的公司。这时，大多数人都会说那是因为公司的经营不好，而公司本身也会认为自己做得太差劲。可是在不景气的时候，公司的倒闭事件此起彼落，如果自己的公司陷入困境，便会说这么不景气有什么办法，大家都这样找到慰藉的理由。然而，松下却认为，即使不景气的时候，也"要认为应付不景气办法多的是，那么，真的会想出许多对策来"。

1929 年至 1930 年是全世界经济最不景气的时候，就在这一年的 7 月，滨口内阁成立的同时，政府采取了紧缩政策。到了井上财政部计划"黄金解禁"的时候，财经界一天比一天萎缩，不景气的征候更加明显了。11 月，大家所恐惧的黄金解禁终于公布。这虽然是预料中的事情，但还是引起了财经界激烈的混乱。不但物价下跌，而且销售量也显著地减退。

报纸每天都报道各工厂缩小或关闭的消息。员工减薪及解雇，产生了很多劳资纠纷。财经界的不稳定，带来了社会不安。

情况愈来愈严重。

劳工工会趁此机会开始活跃，就连员工待遇一直是全国模范水平的钟纺公司，也因为工资减额而发生了纠纷。当时，担任厂长的津田氏为了调停而奔走各方。钟纺的纠纷经过报纸报道后，对财经界又兴起一场震撼。像钟纺这么优秀的公司，也发生这种情况，其他小工厂更不用提了。井上准之助（财政部长）被暗杀，就是在这种情况下发生的。

刚好这段时期，松下电器也和其他产业一样，销售额剧减。到了 12 月底，仓库里已经堆满了滞销品。更糟的是，工厂创建不久，资金短缺，更感觉困难备加。松下感到，若情况持续下去，不久之后，只有倒闭这一条路了。

为了应付销售额减小一半的危险，生产量也只好随着减少一半，同时员工也要减少一半。就在这个紧要关头，当老板的松下却又偏偏躺在病床上。主治大夫交代从 12 月 20 日起，要到西宫去养病。替松下看管工厂的井植和武久两位，花了很多心思去思考如何解决这些问题。他们的结论是：为了打开目前的窘困状态，只好先裁减一半的员工。当松下听到这个结论时，说也奇怪，精神突然振奋起来，想到了一个好主意。松下告诉他们："生产额立刻减半，但员工一个也不许解雇。工厂工作时间减为半天，但员工的薪资全额给付，不减薪。不过，员工们得全力销售库存品。用这个方法，先渡过难关，静候时局转变。照这种方法行事，我们也可因而获得资金，免于倒闭。至于半天工资的损失，是个小问题。如何使员工们有'以工厂为家'的观念，才是最重要的。所以任何员工都必须照旧雇用，不得解雇一个。"

他们回去之后，便集合全体员工，将松下的意思传达，员工们听后欣然表示愿尽全力销售公司库存。令人吃惊的是，公司所生产的产品，由于员工的倾力推销，反倒造成生产量不够销售的现象，创下公司两年来最大的销售额，解决了公司的危机。

松下的这种思路的转换，取得了巨大的成功。

可是，大企业、工商大财团跟随政府实行紧缩政策，不但不能解决经济不景气的危机，反倒造成经济萧条，收支愈来愈不平衡，也促使失业率增高，导致社会的不稳定。松下认为，政府的"紧缩政策"，才是经济不景气的罪魁。他对这种政策感到很遗憾。松下很怀疑，萧条景象若持续下去，日本的产业能够进展吗？松下认为站在指导地位的人，应在此时刻，分秒必争地为使日本繁荣而卖力才对。为了达到繁荣的目的，应该要"活动、再活动"。本来走路的地方，要改骑自行车；本来骑自行车的地方，要改开汽车，借此提高活动效率。东西用得愈多愈好，这样才能促进新旧产品的更新循环，工业技术才会更加提升，才能消除不景气，实现繁荣日本的目标，国民才会有朝气、有干劲，国家才会富强。

松下电器当时没有自用汽车。当年的 8 月，有一位汽车推销员来劝松下买车。

他说："在此紧缩时代，汽车根本卖不出去。政府机关，有三辆汽车的，现在要改为两辆。我们本来是推销新车的，现在却变成收购政府的旧车。经济不景气，实在令我们非常头痛。松下先生，在这种情形下您的生意反倒做得很好，所以请帮帮忙，救救我们，买一辆吧。"

松下从未想过要买汽车来代步。因为他觉得自己的实力不够。当时在大阪，有汽车的公司屈指可数，何况像他这种独资经营的小工厂呢？可是此刻，松下却突然转换思路，想要买车。

外国人苦心研究，制造了便利的汽车，这么好的文明工具，输入到日本后，竟没人使用，松下认为是十分可惜的事。当时美国连员工阶级都有车子，妇女们都能冠冕堂皇地开车。早晨，公司职员夫妻一起开车上班，先生上班之后，太太开车到市场买菜。汽车如此普及，日本的大官是东奔西走的大人物，却要减少购买汽车，这不是开倒车吗？紧缩政策绝不可能带来繁荣。要使国家经济发展，工商企业突飞猛进，一定要"生产再生产，消费再消费"才行。想到这里，松下便下定决心要买汽车。

松下认为在大家因不景气而一筹莫展时，你仍有拓展事业的勇气和毅力，能创造繁荣局面，将来就是你的天下了。

"没有真正的失败，是因为宇宙万物随时在变化，日日不断地茁壮发展，这是大原则。不管如何失败，都只不过是不断茁壮发展过程中的一幕。在某个期间内或许算是失败，可是等转移之后，又是一片无限的生机。因此，世上的一切，并无所谓'失败'或'消灭'。光看表象或许是消灭，但从大的观点看时，万物均是在'更新'的过程之中。所以，虽然大家都在讨论有关不景气的事，其实也可以说没有所谓的不景气。那是人为的，不是自然现象。古时候因为农作物歉收等自然现象才会发生不景气，而今人类可以储存米粮，所以不可能有不景气、萧条的现象产生。因此大家必须多加考虑的，就是'不要在心里制造萧条'。"

有人说："幸运所需要的美德是节制，而厄运所需要的美德是坚韧；后者比前者更为难能可贵。"在一切幸运中并非没有烦恼，而在一切厄运中也绝非没有希望。

松下曾意味深长地这样说过："成功的辉煌固然耀眼夺目，而成功者的探索又是何等的艰辛，没有冲破阻力，摆脱牵绊，而尽全力去耕耘，去经营，去努力奔赴自己的目标，是不会有成绩的。而这个力量，所靠的是坚定的志向和不屈不挠、征服困难的勇气，以及对自己必胜的信心。诚然，我们并不否认人在顺境中容易成功，如果一个人一生下来至他事业的成功都是一帆风顺的，那是人们求之不得、最好不过的了。

其实，这不过是人们理想中所希望的，而现实中所缺乏的。正因为现实是让人感到缺憾的，是不完善的，是痛苦的，所以人们才乞求于理想或以宗教的乌托邦来满足现实人生中无法满足的要求和欲望。人的生存、发展无时无刻不与现实的社会、人、周围的环境发生着矛盾，这些矛盾、这些冲突恰恰组成了人的生活、人的生命，也组成人的事业的成功。对于成功，细细地品味，都是过去那些矛盾与痛苦的结晶。正因为矛盾了，痛苦了，我们才感到成功的喜悦和激动，这份喜悦与激动恰恰是这种对比的结果，也是这种对比的升华。"

第二次世界大战快要结束时，日本的广岛、长崎承受了人类有史以来的第一次核武器袭击。时至今日，日本人民仍然对此铭记在心；世界人民都不希望再有这类的事情发生。但是，从另一个角度来看，正是原子弹的毁灭促进了这两个城市新的生长。战后日本各地的发展速度，首推广岛，其次就是长崎。而当时没有吃过一颗炸弹的金泽和奈良，却没有多大的发展。

以上这些，是真切的历史事实，也是松下幸之助在一次庆祝会讲演中所举的例子。

那是一次松下公司附设电锅厂的庆祝会。3 年之前，这个工厂经营不佳，几乎要关门，厂长也几乎引咎自杀。当时，松下幸之助对这位厂长又是安慰，又是教训。不想 3 年以后，这家工厂的产量和销售额直线上升，电锅产量占据了全国生产总量的 50％，跃居全国第一位。厂长为了感谢松下幸之助，特意召开了庆祝会。

在这个会上，松下以广岛、长崎的例子，来说明逆境中顽强前进可能更有收获的道理。

松下说："我们每个人或者公司甚至国家，其处境不可能永远都是顺利的。我认为，逆境是老天赋予我们的一种磨炼。不论企业还是国家，不可能始终在顺境中生存，有时会有挫折，有时会犯错误。一旦发现错误，只要大家追查原因，团结一致，就一定能够改变劣势。"

事业一失败，别人就会说："那个人失败了。"失败者自己也这么想。

若是倒闭，情况就更严重了。如果有"一切在不断茁壮发展"的观念，那样就可能这么想："倒闭也是茁壮发展的过程之一。"

甚至还可以创造出另一个机会来，如此就没有真正的失败了。

松下认为，经营者就好比战场上的指挥官，必须先有克服一切困难的信念。具体地说，那就是即使国家不景气而无事可做，经营者也必须设法避免员工士气低落。做到这一点的最好办法就是，任何时候都不能失去旺盛的经营热忱。

亘古不变的商道一定要遵守

> 狐有狐道，鹰有鹰道，商有商道。有的商道须与时代同变而生，有的商道则亘古不变而长活，比如诚信，比如无欺……

公道自在人心。那些不守商道的人可能得逞于一时，不可能得逞于一世。生意做得再大，也是在一个固定的圈子里，所谓好事不出门，坏事传千里。大凡不德之举、违道之行会很快为圈内所熟知，人人避之唯恐不及之势一旦形成，生意不死也已死了。

不守商道最恶劣的表现就是，害人之心昭然若揭。

无商不奸，这种现象，古往今来确实存在，当然也应全面地看待这一问题。

如果是谋略运用得当，生意得手，被人眼红，认为是"无商不奸"，那无碍事体，是树总有风吹，且还有树欲静而风不止的情况。哪个人前无人说，哪个背后不说人，让人去说吧，好好地做人，好好做生意，管他呢！

如果是因开发的产品讯息、市场网络、投资情况、经营技巧方面对人保密，被人说成是"奸滑"，那也只好听之任之。在生存与发展中，总有些暂时不能对人公开的事。饭不熟不揭锅，生孩子也须十月怀胎。足月了方能一朝分娩，此是情理之中的事。反之，心中无一点秘密与算计，这是取败之道，会让别人奸计得逞。

还有一种情况，倘若遭人暗算，设圈套陷害，而能防患于未然，及早识破诡计，被人咒为"老谋深算"、"奸商多智"，这也只能一笑置之。害人之心不可有，防人之心不可无。防得好，不吃亏，人之共欲也。

但如下情况，便是奸商，为大家所不容，甚至会绳之以法。

一是诈骗。别人手上有好东西，许以好价钱，先赊后付，东西到手，溜之大吉。

二是以劣充优，以假充真。像把色素加进自来水、灌进瓶子贴上标签，拿到市场上去卖，自诩是名牌汽水。把酒精掺水，瓶装上市，冒充茅台酒。这实际上仍是诈骗。

三是短斤少两，商德低劣，同时也显示出小眉小眼，注定成不了大气候。

四是欺负老实人、不识货的人。一种货物分明是上乘货，可卖大价钱，可他见人不懂行，便心眼黑下来，嘴一撇，把货物说得一钱不值，把价格压至最低。

如此等等，都是奸商劣迹，他们可得手一时，但最终必栽跟头。可举吕不韦的命运为证。吕不韦当上秦国的丞相，位极人臣，享尽荣华富贵，但他不改奸商本性，为达目的不择手段，最终以扰乱宫闱等见不得人的罪恶，迫使秦始皇不得不赐他死，也算是报应。

在胡雪岩胡庆余堂药店的大厅里，除了通常那种"真不贰价"的匾额外，还非常显眼地挂有一块黄底绿字的牌匾。这块牌匾不像普通药店大堂上那些给上门顾客观赏的对联匾额，一律朝外悬挂，而是正对着药店坐堂经理的案桌，朝里悬挂。这块牌匾叫做"戒欺"匾，匾上的文字是胡雪岩亲自拟定的：

"凡是贸易均着不得欺字，药业关系性命，尤为万不可欺。余存心济世，誓不以劣品巧取厚利，唯愿诸君心余之心，采办务真，修制务精，不致欺余以欺世人。是则造福冥冥，谓诸君之善为余谋也可，谓诸君之善自为谋亦可。"

这块别出心裁的匾额既标榜了胡庆余堂的经营宗旨，又给顾客以诚实可信的印象。经过多年的发展，胡庆余堂"胡记"招牌成为与北京同仁堂并驾齐驱的"金字招牌"，深受广大顾客的信赖。时至今日，胡庆余堂的招牌仍高高地悬挂在杭州城里。

不用说，这块"戒欺"匾虽然是给药店档手和伙计们看的，但实际也有让官场靠山放心的意味。匾上所言，是胡雪岩对于自己药店档手、伙计的告诫和警醒，也是他确立胡庆余堂的办店准则，那就是：第一"采办务真，修制务精"，即方子一定要可靠，选料一定得实在，炮制一定要精细，卖出的药一定要有特别的功效。第二，药店上至"阿大"（药店总管）、档手，下到采办、店员，除勤谨能干之外，更要诚实、心慈。只有心慈诚实的人，才能够时时为病人着想，才能时时注意药店的品质。这样，药店才不会坏了名声，倒了招牌。药品货真价实，自然不会发生大的麻烦，官员心里也就踏实了。

旧时药店供顾客休息的大堂上常挂一副对联："修合虽无人见，存心自有天知"，说的是卖药人只能靠自我约束，药店是赚良心钱。这里的"修"，是指中药制作过程中对于未经加工的植物、矿物、动物等"生药材"的炮制。生药材中，不少是含有对人体有害的有毒成分的，必须经过水火炮制之后方可入药。而这里的"合"，则是指配制中药过程中药材的取舍、搭配和组合等，它涉及药材的种类、产地、质量、数量等因素，直接影响药物的疗效。中国传统中成药"丸散膏丹"的修合，大都沿袭"单方秘制"的惯例，常常被弄得神秘兮兮的，不容外人窥探。而且，由这"单方秘制"的成品品质的良莠优劣，不是行家里手，一般人又难以分辨出来，如果店家存心不正，以次充好，以劣代优，或者偷减贵重药材的分量，是很容易得手的，因而自古以来就有所谓"药糊涂"一说。正是因为上面这些原因，所以也才有了"修合虽无人见，存心自有天知"。

不诚实的人卖药，尤其是卖成药，用料不实，分量不足，病家用过，不仅不能治病，相反还会坏事。这个道理，胡雪岩自然是心知肚明，这也才有了那方"戒欺"匾上"药业关系性命，尤为万不可欺"的警戒。不仅如此，在《胡庆余堂雪记丸散全集》的序言中，也写上了类似的戒语："大凡药之真伪难辨，至丸散膏丹更不易辨！要之，药之真，视心之真伪而已……莫谓人不见，须知天理昭彰，近报己身，远报儿孙，可不慎料！”从这里，我们真可以看出胡雪岩在“戒欺”上的良苦用心良苦。

　　按照胡雪岩的说法：“说真方，卖假药最要不得。”他要求凡是胡庆余堂卖出去的药，必须是真方真料精心修合，比如当归、黄芪、党参必须采自甘肃、陕西，麝香、贝母、川芎必须来自云、贵、川，而虎骨、人参，则必须到塞外去购买，即使陈皮、冰糖之类的材料，也决不含糊，必须得是分别来自广东、福建的，才允许入药。而且胡雪岩还要叫主顾看得清清楚楚，让他们相信，这家药店卖出的药的确货真价实。为此，他甚至提议每次炮制一种特殊的成药之前，比如修合“十全大补丸”之类，可以贴出告示，让人前来参观。同时，为了让顾客知道本药店选料实在，决不瞒骗顾客，不妨在药店摆出原料的来源，比如卖鹿茸，就不妨在药店后院养上几头鹿，这样，顾客也就自然相信本药店的药了。

　　诚实是商人的武器，而不是为谋利才打出的幌子。从事商业活动，与客户来往，如果总是一味地抱着投机心理，见利忘义，能坑就坑，能骗就骗，只图近利，而不知广结善缘，久而久之，一定会露出狐狸尾巴，其结果必然是“阎王爷开店，鬼也不上门”。一次经商活动，就是一次诚实的交往。你用真诚去待人，别人必然以信任来回报你。

　　日本企业家小池20岁时在一家公司当推销员。一次，他推销机器非常顺利，半个月就拿回了33份订单和订金，眼看这下自己将能获取可观的收入。然而，就在这时，他发现自己代为推销的机器比别的厂家出产的机器价格要昂贵些，他的心里非常矛盾，他想：“这事一旦让跟我签约的客户知道了，一定会因此对我的信誉产生怀疑……”

丢了订货的客户，对于一个推销员来说，就等于砸了自己的饭碗！最后，他拿定主意：宁愿这次生意做不成，也不能因此而使自己失信于人。

于是，小池立即拿着订单和订金去找客户。他花了整整三天的时间，逐一找到客户，老老实实向他们说明，自己所卖的机器比别家的昂贵。如果他们觉得不妥，可以解除契约。

他这种坦诚的做法，使客户大受感动，不但没有人向他提出退货的要求，反而还更进一步地加深了对他的信任。由此可见，待人真诚才会赢得客户的信赖。

台湾巨商王永庆被称为"中国最富有的人"，其发家秘诀就是"经商要做人为先"。他早年开米店，是一个经营管理上的好例子。米是最难以竞争的，每家的米似乎都一样。但是，在王永庆的手中，就变成了不一样。首先，他把砂子挑出来。从前的人卖米，掺一点砂子，好像是很平常的。家家户户淘米的时候，自己挑一挑就是了。而王永庆却主动在卖出之前就挑好了。其次，他又首创送货上门的做法。这本来不算什么，但是，他上门之后，便量一量人家的米缸大小，还请教一下人家吃米的习惯，全家有多少大人小孩。他回去后便算出人家要多久能把米吃完，这样；下次人家将要买米之前的二三天，他已经把米送到了。客户也就免除了临急没米下锅的麻烦！

他为人送米，还把人家的旧米倒出来，抹一抹米缸，才倒新米在底下，再倒旧米在上面。这样的近似愚人的"诚实劲"，很快便使他稳操胜券，在米业里站稳了脚，并为以后大发展奠定了基础。

待人以诚，处事以信，这是最基本的商业道德，也是亘古以来人们一直在提倡、褒扬的做人准则。最简单的道理为什么很多的人难以做到？只为眼前利益唾手可得，不妨先得，长远利益无影无形，不得也罢。这样庸俗的心态在作祟。实际上，我们只需看看站在商业领域顶峰的那些人就该明白，即使他们中有的人不是因为这些商道而成功，也必是因此而受益。

眼光长远才能前程远大

> 一个人包括商人，不管现在境况如何，都希望有一个美好的将来。也许将来难料，但如果你能将目光放长远，你的将来就会拥有更多变得美好的资本。

中国古代有个故事叫"壮士断臂"。

春秋时期，专诸刺杀了吴王僚，公子光做了吴王。僚有个儿子叫庆忌，勇猛无比又智慧过人，是吴王的心头之患。吴王想求勇士暗杀庆忌，所以去求教伍子胥，伍子胥推荐了要离。要离受命后，请求吴王斩断他的一只胳膊，杀掉他的妻子，以骗取庆忌对他的信任。

要离辗转来到庆忌门下，庆忌见要离被吴王杀妻断臂，果然心无芥蒂，深信不疑，并把他当做心腹，不离自己的左右。还责成他负责修船治舟，训练士卒，操练水军。几个月后，庆忌率水军袭击吴国，与要离同乘一船。当船行至下游，乱了队形，庆忌亲自督船率领，要离则持矛侍立一旁。要离趁庆忌毫无防备的当儿，用独臂挺矛刺去，矛头穿透了庆忌的脊背，从胸前露了出来，庆忌当即拔矛身亡。

俗话说："舍得金弹子，打中巧鸳鸯。""壮士斩臂"作为商战用谋，即商战中的"苦肉计"，是指以小的损失来换取大的胜利，以达到推销产品，提高企业信誉，增加盈利的目的。

"壮士断臂"的首要原则是从薄中取利，薄利多销的经营策略是尽人皆知的，但在经营实践中能真正用好用活这一策略的人却为数不多。例如一家百货批发公司的经营赚头越来越大，正得益于打好"薄利"这张王牌。首先，公司用"薄利"抢占市场，该公司一律以二级站的优惠办法对待用户，两年之内就新增用户5000余家，用户几乎覆盖了全国各大中城市，年销货额突破10亿元大关。其次是用"薄利"形成规模。给用户让利，拓展了市场，从而促使公司大批量进货。他们与有关厂家达成协议，如果一次进货达到100万元的让利1％，100万元以上的让利1.5％，200万元以上让利2％。这样，公司每次进货均以200万元以上大批量进货，以进货让利获得的利润补差"薄利"销货的损失，两者相比，公司的赢利颇为可观。因此，如果说"吃小亏占大便宜"是攻心战术的话，那么"薄利多销"则属于经营技巧了。

古人云："将欲取之，必先予之。"用"小恩小惠"满足大众的心理，迎合大众的喜好，同样也会引来滚滚财源。

日本大画家谷文晁，成名前生活清苦，门庭冷落，他就想出了一个好主意。在除夕的晚上，他带上1000把廉价的纸扇出门，扇子上画着富士山和财神，并题有他画店的名款，谷文晁一见前后没有人，便把扇子丢在路上，丢遍了大街小巷。第二天元旦，行人一见地上的扇子，就把它拾起来，看见扇子上面是带来好运的图画，非常高兴。于是他们就带着亲戚朋友来到谷文晁店里买画，谷文晁应接不暇，从此生意兴隆。后来，不少人投到他门下学画，成为他的弟子，最多时达2000人。

急他人所急，为人解决困难，也会为企业换来良好的信誉。如一家医药品公司得知某大医院急需紧俏药品白蛋白针剂，立即赔本替他们解决了困难。这一急用户之所急的诚意打动了院方，院方主动找这家公司购买了价值数万元的药品，并建立了长期业务往来关系。这家医药品公司以仅值1000元的赠品，就换回了数千元的盈利，并提高了公司的信誉，带来了长期效益。

将新开发出来的产品试制品免费赠送给用户使用，是当前普遍流行的一种做法。然而，日本三洋公司将昂贵的电器产品免费送给用户使用，倒颇有"壮士断臂"的气概，其深谋远虑更值得人们玩味。一天，日本三洋董事长井植询问业务主管："你有没有把试制品送给家庭主妇？"这位业务主管面有难色地回答说："董事长，您知道这个试制品是相当昂贵的呀！"井植董事长微笑着解释说："这个我知道。东西免费赠送，对方当然高兴。如果用户不太高兴的话，这个产品就完全没有希望了。如果给她起初很高兴，而过一些时间就不用的东西，它就没有恒久性了。为了无畅销希望的东西而投注全力和投下巨额的资金来生产，比起免费赠送损失可多得多呀！"

这位三洋公司的创业者之所以能在电器业界成就卓越，业绩斐然，常得益于他独特的见解。井植最突出的一点就是把一般消费大众视为真正的、最重要的、最好的研究员，而不是研究所的研究员。当井植把公司生产的电器洗碟机免费赠送给家庭主妇试用时，东芝、三菱等公司便争先恐后地把电器洗碟机打入市场，并倾其全力大做广告，企图抢占市场。三洋公司的业务主管见此情势，极力劝诫井植尽快将电器洗碟机全面投入生产。但井植不为所动，他通过试用的情形判断，这项制品是没什么人需要的。于是，他当机立断，放弃了这项产品的生产。东芝和三菱的销售情况又如何呢？虽然他们倾其全力大做广告，消费者仍不为所动。后来他们又花了一年的时间削价求售，仍没有卖出首批产品的1/3。两家公司弄得焦头烂额，损失惨重。

对于免费赠送，一般的动机只是为了促销，全世界最大的P8LG香皂公司，每次推出新产品时，也是进行大量的赠送活动。新力电器公司为开拓非洲市场，也是先大举赠送小型晶体管收音机，等到非洲人买电池时再赚钱。但这些以促销为目的的免费赠送，比起三洋公司为了征求消费者的意见，预知市场行情而进行赠送，是不可同日而语的。

正像惠普公司的两位创始人休利特和帕卡德始终强调的那样：决不能为了目前短期利益，牺牲公司的长远效益，损害公司的长期发展！

但是，许多商战中的输家却是一贯重视蝇头小利，常常因小失大；而且，它们的管理人员甚至经常不为将来进行投资，有时甚至在关键时刻假公济私。

道格拉斯飞机公司的"近视眼"使它做出了放弃研制新一代商用喷气式飞机的决定，"近视眼"使得它总是那么"吝啬、保守"（《商业周刊》的评论）；"近视眼"使得它处处落在波音公司的后面。波音公司和道格拉斯公司正代表了两个极端，一个是"放眼未来"，一个是"目光短浅"；一个是大胆创新，一个是谨小慎微；一个是把长期优势看作首要任务，一个是把短期利益当成优先选择。

半个世纪过去了，最终的结果不言自明。道格拉斯公司在 20 世纪 70 年代就不得不同麦克唐纳公司合并，成了"麦道公司"的一部分。而到了 1997 年，波音又兼并了麦道，并且两家合并了之后，新的公司仍叫波音，而麦道永远消失了。